5 TIPS TO START!

1) HOW TO SOLVE

The Puzzles are in a Classic Format:

- Words are hidden without breaks (no spaces, dashes, …)
- Orientation: Forward & Backward, Up & Down or in Diagonal (can be in both directions)
- Words can overlap or cross each other

2) LEVEL UP THE GAME!

A space is provided next to each word to write new ones, translations or notes. We also offer a convenient **NOTEBOOK** at the end of this edition. It can help you organize your annotations, new words and/or observations.

3) TAG YOUR WORDS

Have you tried using a tag system? For example, you could mark the words which have been difficult to find with a cross, the ones you loved with a star, new words with a triangle, rare words with a diamond and so on…

4) EASY TO CUT!

The Puzzles come with an Extra Large margin to easily cut the page out of the book. Some people may feel it more convenient to solve them this way.

5) FINISHED?

Go to the bonus section: **MONSTER CHALLENGE** to find a free game offered at the end of this edition!

Want **more fun** and activities to **relax? It's Fast and Simple!** An entire Game Book Collection **just one click away!**

Find your next challenge at:

BestActivityBooks.com/MyNextWordSearch

Ready, Set... Go!

Did you know there are around 7,000 different languages in the world? Words are precious.

We love languages and have been working hard to make the highest quality books for you. Our ingredients?

One part easy-to-read print, three parts entertainment, then we add some challenging words and a pinch of rare ones. We brew them with care to serve you lots of fun and an opportunity to solve the best puzzles.

Your feedback is essential. You can be an active participant in the success of this book by leaving us a review. Tell us what you liked most in this edition!

Here is a short link which will take you to your Amazon orders review page.

BestBooksActivity.com/Review50

Thanks for your fidelity and enjoy the Game!

Puzzle 1

```
L M M F Z E S J R I O S I F D
E A M O E G Q U E R U T I O V
X B N E P I L U T D Y I Y J J
Q N N G C E P W P G I M V D O
F A Y U U N H K O D U V A X Y
E A V J D E I L D J B E L P E
U D Q H Y C A U A Z H A R Y U
I K P D F R D E V R A I T R X
L T N E M E N I A T R E C S E
L E S N E P F E J E E A W A D
E X Y O U R S E I T R A P L N
O T É P O U V A N T A I L E F
H E C E B E H D E V I N E R J
F W B X A H D C C N K S E Q E
```

PARTIES	DEVINER
VIDE	CERTAINEMENT
OURS	ÉPOUVANTAIL
GUERRE	QUE
VOITURE	SEL
PERCE-NEIGE	SALE
ADOPTER	JOYEUX
TULIPE	DEVRAIT
LANGUE	FEUILLE
TEXTE	SOIR

Puzzle 2

ATTITUDE	OUI
ORGANISATION	THÉ
RÉALISER	OUVRIR
CRAVATE	GRANDI
ÉVIDENTE	POURQUOI
LÉZARD	SOIGNEUSEMENT
BUS	VOCABULAIRE
CAR	FLEXIBLE
FANTÔME	EFFONDREMENT
MÉCANICIEN	INQUIET

Puzzle 3

```
U  J  Q  A  U  D  U  E  S  F  J  S  O  D  L
P  D  J  V  A  É  Q  P  N  X  U  R  Z  Z  I
É  T  É  E  L  V  S  A  B     R  D  Z  J  L
K  Q  C  N  A  E  R  T  Ê  W  I  K  U  P  Z
I  M  A  T  V  L  E  É  N  T  D  T  C  D  C
N  H  D  U  A  O  C  H  H  U  I  P  L  U  S
D  C  E  R  G  P  T  H  S  U  Q  W  A  Z  G
U  A  A  E  E  P  Q  L  E  T  U  H  S  M  A
S  S  U  U  R  E  N  I  M  R  E  T  É  D  U
T  S  X  X  G  M  I  E  M  O  C  Q  L  J  T
R  E  I  P  V  E  T  S  O  S  E  H  I  V  O
I  R  Q  Q  E  N  A  N  H  É  N  W  E  T  M
E  V  N  X  S  T  M  O  A  R  W  E  P  R  N
C  H  A  Î  N  E  Q  C  O  T  P  W  E  E  E
```

INDUSTRIE	ÉTAPE
AVENTUREUX	CADEAUX
CASSER	CHERCHER
ÊTRE	DÉVELOPPEMENT
CHAÎNE	DÉTERMINER
JURIDIQUE	HOMMES
ÉTÉ	LAVAGE
CONSEIL	BAS
TRÉSOR	MATIN
PLUS	AUTOMNE

Puzzle 4

```
V  C  M  M  S  Y  C  Z  L  K  J  Q  D  É  É
I  Z  O  A  U  S  L  È  I  Y  Y  S  K  T  P
C  E  F  N  L  J  W  B  B  C  X  U  E  U  O
Q  S  M  B  S  G  W  R  G  R  F  M  G  D  N
O  R  J  Z  R  É  R  E  P  M  A  L  R  E  G
M  O  T  E  U  R  C  É  A  I  M  K  A  S  E
P  Ê  C  H  E  U  R  U  X  N  M  H  N  P  R
V  É  R  I  F  I  E  R  T  P  X  S  D  E  B
M  È  R  E  T  S  E  V  R  I  H  I  M  R  M
B  A  T  R  O  N  C  J  N  O  V  M  È  S  A
P  L  A  N  T  E  M  P  N  J  S  E  R  O  H
L  A  I  S  S  E  R  W  E  Q  O  S  E  N  C
D  É  C  O  U  V  E  R  T  E  M  U  E  N  T
T  A  C  C  O  M  P  A  G  N  E  R  R  E  F
```

MÈRE	MOTEUR
ÉPONGE	MALGRÉ
ÉTUDES	CONSÉCUTIVE
ZÈBRE	VESTE
TRONC	LAMPE
GRAND-MÈRE	PLANTE
PERSONNE	ACCOMPAGNER
LAISSER	JOUR
VÉRIFIER	CHAMBRE
PÊCHEUR	DÉCOUVERTE

Puzzle 5

```
E W D Q Q S W Q W O P W N P L
D N T M U M I X A M C O O A U
J Y E F E R M E L U O P T R D
R E T U C S I D N B Y B E F I
A E F Q Q F A M I L I E R O Q
C R S E T T A P E L L I M I U
T I M S D E U X I È M E S S E
I U P A O A P P A R T E N I R
V R A H R U P R O P R I É T É
I T U W Q C R V E R D I C T W
T É V E O V H C Q R J J V R A
É D R T M X S É E Q O C K Z K
Q M E C O C C I N E L L E J B
G É O G R A P H I E R O Q Z F
```

DISCUTER	APPARTENIR
PARFOIS	MILLE-PATTES
DÉTRUIRE	NOTE
DEUXIÈME	RESSOURCE
VERDICT	LUDIQUE
PAUVRE	COCCINELLE
ACTIVITÉ	MARCHÉ
PROPRIÉTÉ	FAMILIER
POULE	SIEN
MAXIMUM	GÉOGRAPHIE

Puzzle 6

```
B D X G C O N S T R U I R E A
D A F O O T B A L L V N E B B
E Z T R A I L L E R I E T U S
G X I E R T Ê N E F W É S T O
G W R M A H U Q W G I M U P R
U O Y C I U U U J N U U J O B
E X T R Ê M E M E N T F A I E
G R B W C B V Y N A Q H T S R
V W U M E N T I R L B Z X S R
O U M T T Y K J E É W S X O F
L V C R N F T E V J F X O N J
E M I T C I V N A Q F Z O L L
R L V Z P N E L C U R H H V U
M A L A D E B P P E L O U S E
```

MALADE	RAILLERIE
ABSORBER	PEINTURE
AJUSTER	VICTIME
FOOTBALL	FENÊTRE
FUMÉE	ÉLAN
CAVERNE	ABSOLU
EXTRÊMEMENT	BATEAU
PELOUSE	CONSTRUIRE
POISSON	VOLER
TUBE	MENTIR

Puzzle 7

D	R	E	S	T	A	U	R	A	N	T	V	O	H	M
A	É	C	O	N	V	E	N	A	B	L	E	N	É	S
Œ	V	M	P	R	O	F	E	S	S	E	U	R	S	S
Q	U	L	A	O	X	U	E	R	A	C	A	M	I	E
B	I	F	K	R	H	J	M	L	C	I	K	O	T	R
D	B	A	S	J	R	D	W	H	L	L	P	C	E	P
M	G	E	S	Y	C	E	T	D	Q	O	D	C	R	E
K	L	S	N	I	A	T	R	E	C	P	J	I	I	N
É	M	O	T	I	O	N	N	E	L	L	E	D	I	T
O	B	L	I	G	E	A	M	M	E	N	T	E	U	I
C	O	L	È	R	E	R	Q	Z	I	V	C	N	N	O
J	R	L	A	J	E	N	I	E	L	A	B	T	V	S
C	H	A	N	T	E	R	E	L	I	A	V	A	R	T
D	É	R	A	N	G	E	R	I	D	G	H	L	F	D

ÉMOTIONNELLE   TRAVAIL
COLÈRE   OCCIDENTAL
HÉSITER   LIRE
DÉMARRER   CHANTER
CERTAINS   BALEINE
POLICE   ŒUFS
PROFESSEUR   RESTAURANT
MACAREUX   CONVENABLE
OBLIGEAMMENT   DÉRANGER
SERPENT   SOIT

Puzzle 8

```
R Q R G Y L M G O B E L I N M
J E G A S I V A X L H P K R A
A S N D J I W G L K D P U I I
A R B C Y L M I X A C S P F S
M R U M O H Ô T E L D D Y M O
G U R B V N G R A S S I U B N
O L D Ê H Q T C A X E C E T E
L T É G T Z D R O N G L O N S
I A C A X E Y H E A F F A M É
È N E J K L Z Z Z N R H Y K M
V T N C H A M E A U T V Q O W
R E N C O C K T A I L O S I X
E N I C S I P W U T M I C P R
T N E S S I N U P V K R P S V
```

PUNISSENT	VOIR
COCKTAIL	ARRÊTEZ
MAISON	TANTE
HÔTEL	GRAS
PISCINE	ONGLONS
DÉCENNIE	CHAMEAU
GOBELIN	AFFAMÉ
RENCONTRENT	MALADIE
EXACT	VISAGE
BUIS	LIÈVRE

Puzzle 9

```
D  L  S  B  L  X  B  O  H  N  S  L  O  C  M
N  R  E  U  Q  I  L  P  U  D  I  K  E  A  E
E  R  D  N  E  T  T  A  G  N  E  A  U  T  R
O  N  R  M  I  I  C  C  C  S  H  M  Q  A  V
F  P  M  G  Y  A  Q  A  R  O  K  É  S  S  E
E  S  É  J  Y  F  H  J  C  U  L  N  E  T  I
U  O  A  R  P  S  O  P  R  A  S  I  R  R  L
T  I  U  E  A  I  W  I  K  U  O  C  P  O  L
R  M  T  R  X  T  C  E  N  T  R  E  M  P  E
E  Ê  O  T  Q  A  I  W  W  M  O  N  K  H  W
T  M  R  N  W  S  M  O  V  H  S  L  E  E  F
V  E  I  O  N  H  E  K  N  E  L  O  N  G  X
O  K  T  M  C  T  D  B  É  B  É  Y  T  U  V
Z  S  É  K  P  B  L  Q  T  J  D  G  O  Q  C
```

BÉBÉ	CACAO
FEUTRE	MERVEILLE
KIWI	DUPLIQUER
PRESQUE	AGNEAU
CINÉMA	LONG
SATISFAIT	OPÉRATION
CENTRE	LOCAL
AUTORITÉ	ATTENDRE
CATASTROPHE	MONTRER
SOI-MÊME	DEMI

Puzzle 10

```
Q  R  I  O  V  A  J  L  P  Z  P  É  X  G  A
N  C  I  K  E  H  Q  F  R  Y  X  V  X  E  A
T  A  R  Z  B  D  T  U  O  C  D  É  P  N  C
M  G  C  Z  D  D  Y  C  P  O  L  N  W  O  T
K  E  O  T  I  V  C  Q  R  N  E  E  M  U  U
W  B  Z  K  V  Y  E  E  E  E  V  M  A  V  E
M  L  K  U  N  X  N  N  R  M  G  E  J  I  L
R  W  H  T  O  P  D  U  H  I  K  N  O  V  L
T  O  U  R  S  D  O  A  C  R  S  T  R  A  E
U  A  K  H  S  G  R  G  F  C  I  E  I  N  M
C  T  B  M  E  J  M  E  Z  S  A  J  T  T  E
F  M  G  P  R  F  I  U  B  E  P  E  É  E  N
R  D  E  R  C  R  E  X  I  D  É  O  E  H  T
U  A  D  G  J  H  A  B  I  T  U  E  L  L  E
```

GENOU	ESCRIME
ENDORMIE	PROPRE
NUAGEUX	ÉVÉNEMENT
AVOIR	POT
HABITUELLE	RIZ
TOUR	ACTUELLEMENT
DOUZE	ÉPAIS
CAGE	CERISE
DIX	VIVANTE
CRESSON	MAJORITÉ

Puzzle 11

```
H E L C Q H Y T D L D E É I M
D U U C M É A S H Y Q U C D O
J I M H B P R I F M E Q H A E
J R R A Z É R F G D R Y O N L
Z E E E I E Ê H E A X R U C L
H L T Z C N T R O F F E E T E
P É T O Z T É S Q F X R R I U
Q C I I L W E U D A I U C S X
G M U O D B E U Y C R T T S K
A N Q R O U T E R E E P E U C
L A Y O R H Q M T G L A N B R
O M O N S T R E I L F C T T É
P V Ê T E M E N T S E G E T E
O U L I W U G W V N R E S M R
```

MONSTRE
MOELLEUX
TISSU
GALOP
TENTE
DIRECTEUR
EFFORT
QUITTER
CRÉER
ARRÊTÉ

HUMAIN
CÉLERI
COQ
ELFE
ÉPÉE
ÉCHOUER
ROUTE
ROYAL
CAPTURER
VÊTEMENTS

Puzzle 12

PROFESSIONNEL	BRÛLER
EFFET	SIMPLEMENT
VIDÉ	SANG
SCIENTIFIQUE	PARENT
COUPER	IGNORER
PARTIE	HIER
PONT	GLOSSAIRE
CONDITION	QUALITÉ
VASTE	CALCULER
MODERNE	SIMPLE

Puzzle 13

```
F  F  T  A  E  E  Y  S  A  T  T  A  Q  U  E
O  R  M  R  M  H  G  H  O  D  É  C  H  E  T
R  E  A  E  A  B  P  R  Z  R  E  T  I  V  É
M  E  Î  T  T  N  G  W  E  K  C  D  O  I  T
E  S  T  U  O  D  C  T  S  E  D  I  S  S  C
L  I  R  O  P  R  L  H  S  I  N  H  È  E  I
L  A  E  J  O  E  U  L  A  G  U  L  D  R  L
E  F  X  A  P  W  W  O  H  N  D  A  R  È  E
M  N  K  O  P  F  H  U  C  V  T  E  U  I  H
E  A  N  N  I  V  E  R  S  A  I  R  E  M  U
N  J  L  B  H  L  U  I  M  Ê  M  E  L  E  M
T  C  O  M  M  E  N  C  E  R  K  S  A  R  B
C  R  O  C  O  D  I  L  E  E  N  X  V  P  L
I  N  S  T  I  T  U  T  I  O  N  P  C  M  E
```

DÉCHET
DOIT
FREESIA
COMMENCER
PREMIÈRES
ANNIVERSAIRE
HUMBLE
AJOUTER
INSTITUTION
TRANCHANT

HIPPOPOTAME
MAÎTRE
CROCODILE
VALEUR
LUI-MÊME
ATTAQUE
ÉVITER
FORMELLEMENT
ASSEZ
SORCIÈRE

Puzzle 14

```
E  T  R  E  N  T  E  L  I  O  N  F  I  H  S
P  C  O  U  P  A  B  L  E  É  L  R  A  P  Q
D  E  O  T  R  I  S  T  E  R  I  O  S  F  U
É  B  R  C  S  A  U  V  E  R  U  N  S  Z  E
C  R  E  S  C  N  J  K  B  R  E  T  E  N  L
I  U  L  Z  O  U  V  D  W  F  R  I  N  V  E
S  O  L  Y  Z  N  P  B  F  L  U  È  P  I  T
I  C  I  T  X  M  N  E  E  L  C  R  Z  S  T
O  N  A  M  A  M  Z  A  R  S  É  E  G  I  E
N  Y  T  Q  R  J  M  W  L  V  G  M  N  O  C
N  U  A  N  O  I  T  A  M  I  T  S  E  N  O
K  T  B  R  O  J  Y  E  V  L  S  S  R  Y  I
I  N  Q  U  I  É  T  U  D  E  M  É  I  X  L
O  R  T  H  O  G  R  A  P  H  E  C  Z  H  A
```

COUPABLE	PERSONNALISÉ
BATAILLER	MAMAN
INQUIÉTUDE	TRISTE
PARLÉ	DÉCISION
ÉCUREUIL	FRONTIÈRE
ESSAI	ORTHOGRAPHE
COURBE	SAUVER
VISION	ESTIMATION
SQUELETTE	OCCUPER
LION	TRENTE

Puzzle 15

```
É  L  U  O  C  S  R  H  A  O  B  H  P  Z  F
T  P  Q  U  A  E  P  A  H  C  E  G  D  J  B
I  D  I  J  B  P  M  Y  X  J  L  P  T  R  E
V  E  R  N  E  G  X  P  Q  P  L  L  S  E  H
A  N  A  F  G  R  P  O  L  H  E  E  Z  I  U
C  F  O  I  S  L  L  F  N  O  T  A  H  C  F
L  M  N  T  N  F  E  É  F  I  Y  B  Y  I  I
E  K  Z  M  L  D  X  T  L  D  C  É  Y  F  L
S  S  I  T  E  S  D  G  T  E  Y  R  S  F  M
S  F  O  N  T  A  I  N  E  E  C  E  C  O  F
I  Y  J  E  T  A  B  L  E  B  S  T  M  O  B
V  W  B  O  N  N  E  Q  D  R  L  U  I  E  C
E  M  A  R  Q  U  E  U  R  E  G  A  L  O  J
K  J  C  R  J  D  B  S  G  V  L  S  R  E  N
```

FOIS	VERBE
GENRE	CHATON
MARQUEUR	BELLE
BONNE	JETABLE
ÉLECTION	EMPLOYÉS
CAVITÉ	SITE
OFFICIER	LESSIVE
COULÉ	FONTAINE
ÉPINGLETTE	SAUTER
CHAPEAU	FILM

Puzzle 16

```
I  N  U  S  T  U  O  S  O  C  A  Q  F  A  L
A  N  O  S  I  R  P  A  P  C  O  N  O  Q  B
T  O  V  B  K  X  S  D  C  T  A  R  U  M  B
T  I  R  E  I  F  I  T  N  E  D  I  V  I  U
R  S  F  I  N  C  E  V  H  O  M  J  M  É  A
A  S  É  A  O  T  O  M  C  A  U  S  E  G  E
Y  E  D  B  G  Ê  E  U  L  W  K  D  G  H  P
A  F  É  C  A  R  L  R  T  I  E  E  A  E  U
N  N  R  V  R  É  O  O  R  E  K  U  M  C  O
T  O  A  W  D  T  A  Q  S  V  A  X  O  S  R
T  C  L  N  S  N  O  L  L  A  B  U  R  P  T
D  A  N  S  E  I  C  A  N  A  R  D  F  X  W
Q  T  A  P  E  B  E  U  E  N  T  I  E  R  S
E  X  E  R  C  E  N  T  P  N  N  K  A  R  K
```

BAIE	FROMAGE
DRAGON	INVENTER
CORVÉE	BALLONS
ATTRAYANT	TROUPEAU
FÉDÉRAL	INTÉRÊT
IDENTIFIER	COUTEAU
PRISON	CAUSE
CONFESSION	DANSE
CANARD	DEUX
EXERCENT	ENTIERS

Puzzle 17

T	S	C	W	F	Y	M	R	P	S	W	N	W	E	D
R	S	I	X	I	È	M	E	A	B	L	A	N	C	A
A	R	L	N	I	A	V	I	R	C	É	Y	O	U	N
M	E	X	I	R	B	P	N	T	I	U	R	F	L	G
W	V	Q	Y	V	N	Y	L	I	E	V	É	R	T	E
A	I	S	A	D	R	E	U	C	P	C	R	A	E	R
Y	D	Z	V	K	K	E	I	I	X	O	N	N	M	E
I	M	P	A	C	T	Z	S	P	J	M	S	N	P	U
U	G	D	T	P	X	X	G	A	E	P	C	E	S	X
E	X	P	L	O	R	E	R	N	U	T	O	A	Q	S
P	C	O	E	U	R	C	F	T	N	E	O	U	O	X
P	U	B	L	I	C	E	Q	B	E	E	T	J	G	G
M	O	N	B	X	E	E	C	E	J	P	E	U	O	Q
G	H	W	I	Q	B	L	J	L	C	P	R	B	U	U

COEUR	COMPTE
ANNEAU	PEU
DANGEREUX	SCOOTER
ÉCRIVAIN	PARTICIPANT
TEMPS	RÉVEIL
TRAMWAY	EXPLORER
JEUNE	SIXIÈME
PUBLIC	LIVRES
IMPACT	DIVERS
BLANC	FRUIT

Puzzle 18

```
S  U  N  I  V  E  R  S  I  T  A  I  R  E  O
S  A  D  C  E  N  T  R  A  L  P  Q  U  V  L
I  S  V  C  R  A  Y  O  N  T  Z  Y  P  K  I
M  A  T  O  T  D  É  S  E  S  P  É  R  É  R
I  G  O  J  N  O  F  S  R  E  T  S  I  X  E
L  E  U  P  O  N  U  G  D  D  E  C  O  Z  I
A  Y  C  F  U  K  E  J  R  I  C  U  U  Y  T
I  C  H  D  O  H  Y  U  O  M  E  O  B  U  S
R  T  E  C  H  L  O  S  X  U  M  Y  L  W  O
E  H  R  G  C  S  K  O  E  H  R  W  I  M  P
S  H  L  E  I  U  X  L  B  M  O  S  E  D  R
N  É  G  O  C  I  E  R  O  G  F  C  R  S  Q
U  X  U  I  L  T  O  M  Q  R  I  T  N  E  S
M  U  S  I  Q  U  E  A  V  I  E  H  C  I  R
```

EXISTER	CHOU
UNIVERSITAIRE	SENTIR
TOUJOURS	FOLKLORE
SIMILAIRES	SAVONNEUX
POSTIER	TOUCHER
NÉGOCIER	RICHE
HUMIDE	SAGE
MUSIQUE	CENTRAL
CRAYON	DÉSESPÉRÉ
FORME	OUBLIER

Puzzle 19

```
V A J G H V Y D Z T X Y C Q T
U É G A Z M L P U E N S H U I
A I L V Z L U T L R X N A E Y
É M F O F H X E K U U O C S L
L Q A S E J Y R E F R I U T M
I E U Q I T P I L L E T N I B
M R D I W F D A N I M A L O I
O F R E P U O S W Z U U Z N O
N I R O R E L B M E S T O N L
A A P P L I Q U E R S I V X O
D Z M S T M S W I A A S V C G
E S P U R G E N C E W Z W I I
H T N E D I C N I I B I B T E
I N D I V I D U E L L E J Z J
```

VÉLO
ANIMAL
SEMBLER
FURET
INCIDENT
CHACUN
APPLIQUER
ÉQUIPE-
LIMONADE
URGENCE

BIOLOGIE
CES
QUESTION
DUR
GAZ
INDIVIDUELLE
SITUATION
SOUPER
ELLIPTIQUE
ASSUMER

Puzzle 20

```
F A P G S R H U M S S C P É Y
L O L R E Y O L U U T A A V W
H Q N T É Z S P R I O T S I T
G Y O D I O J U A V C É S D R
D S T G A T C Z L A K G E E S
P È Â T K M U C E N A O T N U
A R B K R M E D U T G R E C G
R G R E P O S N E P E I M E G
T O E Q U K C Y T O A E P T É
I R E F L É T E R A S T S C R
C P F X M A G A L D L O I N E
U N O I T A T R O P X E I O R
L É P A U L E S B P M J I K N
E Y J G Y S E P T I È M E G W
```

PARTICULE	BOL
REPOS	MURALE
ALTITUDE	REFLÉTER
LOYER	CATÉGORIE
PRÉOCCUPATION	PROGRÈS
STOCKAGE	EXPORTATION
FONDAMENTALE	ÉPAULE
ÉVIDENCE	PASSE-TEMPS
SEPTIÈME	SUIVANT
BÂTON	SUGGÉRER

Puzzle 21

```
A M P E F C H E M I N É E O T
C É O R C N K R S C U R T B E
T M U T N T C I I P R Q D É M
E O R T A J V O N M E M M I P
U I R E G Z A M N G A N T R É
R R I M R N R R E S U S T N R
B E D R E L I A T É D I K E A
V E U E S U É V D L I N F T T
P N A P X F T N E C P O G M U
V H C U V A É B Y R Z R O J R
B O L J C Z H I L R T D V V E
L G F D H O T J S C O A C M I
S O Y E U X U W G A I I U J X
T H É Â T R E P V D K C U Q U
```

CHEMINÉE	MÉMOIRE
TEMPÉRATURE	DÉTAIL
THÉÂTRE	CLÉ
VARIÉTÉ	CENT
QUATRE-VINGT	PERMETTRE
POURRI	NORD
ARMOIRE	SOYEUX
OBÉIR	ACTEUR
TRUCS	TENNIS
BEAUCOUP	PENTE

Puzzle 22

```
N G Q S E P G K D R O B A T F
A S S E M B L A G E Y C F Q T
É S O P P U S Q Q U I T I U E
T E R R I B L E D U T É H E S
J N U K W J K P N Z W M Z M T
D É P L A C E R A I R I D Ê E
T O M A T E P D I N A A V M S
O E K D R E G E Y S A T T I T
O P P O R T U N I T É I I O A
B R U N E A X I P F S R S M T
R X T V U Q X A G S H P P H I
L Q X G R L F H F C E H V S O
D F E M P R U N T E R J C G N
T Z M X F I L L E F P A U O N
```

SUPPOSÉ EMPRUNTER
RYTHME ASSEMBLAGE
MOI-MÊME STATION
HAINE TOMATE
BORD AIMÉ
TEST QUI
BRUN FILLE
OPPORTUNITÉ DÉPLACER
TERRIBLE PANAIS
MITAINES ÉTUDE

Puzzle 23

```
F R X Z T A T N K P X K A B H
O R E T É P É R U F Ê H H R E
D I X I È M E P E O K C U S R
S C É N A R I O E M P B H H A
W C P H E P Â G E L B X L E N
D E S T R U C T I O N L K É G
U A D L I B D V R W L E A S É
R R Y I A U É R K L T R L N E
C É P E N R F I R F N U E E T
R G S U U E I O C G E T P S K
M C B E L A N E I K V L T N S
D W T X A U I S N Q U U A I T
V O I L E U R S P R O C W O I
M A I N T E N A N T S B F F P
```

PÊCHE
DÉFINIR
RANGÉE
ASSEOIR
CORPS
DIXIÈME
RÉPÉTER
ÂGE
RÉSEAU
CULTUREL

TREMBLANT
SCÉNARIO
BUREAU
MAINTENANT
LIEU
LUNAIRE
VOILE
DESTRUCTION
INSENSÉ
SOUVENT

Puzzle 24

MOINS	TROP
ÉCLAT	PRÉSERVER
ESCARGOT	CONCEPTION
MINUTE	SOMME
HUMIDITÉ	MINORITÉ
GAMME	VER
MOMENT	VUE
CHOU-FLEUR	PIZZA
APPROCHE	VOLTS
TÉLESCOPE	STOCK

Puzzle 25

```
U Z U P V X P B Z S K D E Z F
V W Q N O I T A M R O F R P A
E T S I T N E D T E N D U E C
X M I T I L J N O L L A B S I
B É N I L A R A T S M A K G L
A D O L L K R R I U I E T S E
N I H L E E U G A L B V D O N
Q A S U W E G X R Y O Y E R T
U T É S M N O L E C È P S E W
E I B T J N D B S B E U R R E
H Q M R A O C O N S T A N T A
Y U O E S L M O U V E M E N T
X E T R L O C K M Y W G S P L
E P F E V C P É T U T X L C W
```

VIENT	ÉCLATÉ
BANQUE	FACILE
MOUVEMENT	BEURRE
SERAIT	ILLUSTRER
BLAGUE	GRAND
DENTISTE	TOMBÉ
BALLON	ESPÈCE
CONSTANT	COLONNE
TENDUE	MÉDIATIQUE
TOTALE	FORMATION

Puzzle 26

O	K	R	C	K	E	P	O	F	L	T	R	L	S	P
C	B	E	F	U	W	L	O	O	C	Y	C	I	Z	O
D	P	T	E	V	N	B	Z	S	K	P	F	U	Q	U
J	J	O	E	X	A	T	T	V	S	E	B	O	R	R
Z	U	V	É	N	N	O	D	N	X	I	R	M	P	S
A	N	G	R	F	U	S	L	Q	E	L	B	É	R	U
V	E	V	E	S	O	U	F	F	R	I	R	L	U	I
A	V	L	V	T	E	M	P	Ê	T	E	E	G	E	V
I	A	O	U	G	Q	E	P	A	I	G	I	É	I	R
T	V	O	O	I	F	E	Z	R	P	B	H	R	R	E
B	D	I	R	I	G	Y	J	E	A	R	A	M	É	O
J	L	J	P	X	Q	D	Z	F	H	F	C	J	T	T
A	S	S	U	R	E	N	T	J	C	D	U	S	X	A
T	E	R	R	O	R	I	S	T	E	Y	O	L	E	I

AVAIT	PROUVER
CHAPITRE	ROBE
TEMPÊTE	TERRORISTE
CAHIER	TYPE
SOUFFRIR	COOL
VENU	POURSUIVRE
EXTÉRIEUR	ASSURENT
TAXE	OBTENU
POSSIBLE	JUGE
DONNÉ	RÉGLÉ

Puzzle 27

```
B  S  E  R  È  I  N  R  E  D  L  Q  A  N  A
K  U  R  E  O  D  R  P  E  R  S  I  L  O  O
Y  R  T  G  F  O  U  P  B  C  Q  F  Z  M  C
D  S  A  N  O  A  I  X  I  H  R  F  N  Q  H
W  A  U  A  D  C  V  F  H  I  I  U  X  R  E
S  U  Q  D  C  A  Z  O  D  U  Y  R  X  E  V
É  T  E  R  V  U  A  P  R  X  D  K  I  J  E
E  A  I  N  V  I  T  E  R  A  U  B  E  S  U
W  N  E  S  S  A  Y  E  R  T  B  O  I  S  X
I  F  N  A  N  U  K  C  I  N  Q  L  W  N  U
I  N  H  U  S  U  R  F  A  C  E  H  E  E  E
E  Z  N  W  Y  A  T  T  E  N  D  U  D  T  I
P  E  C  J  K  E  C  U  I  S  I  N  E  N  V
H  K  E  C  I  C  R  E  X  E  G  N  I  B  B
```

ATTENDU	SURFACE
PAUVRETÉ	SURSAUTA
FAVORABLE	ESSAYER
VIEUX	EXERCICE
CUISINE	CINQ
ENNUYER	DANGER
PERSIL	NET
DERNIÈRES	NOM
CHEVEUX	INVITER
IRIS	QUATRE

Puzzle 28

DEMANDÉ	SOMMET
MAIS	ILS
COULEUR	FAMILLE
PUBLICATION	PAR
DESCENDENT	LAPIN
BUFFLE	RIE
ROQUETTE	INTERDIRE
VOIX	CLARIFIENT
DIPLÔME	IMITER
MISÉRABLE	CAPABLE

Puzzle 29

```
M P G K K U P L C A I L I F P
U H Y A Q B É È U T M T N D A
R Z O N M H R V I T M M F T T
H E Z U H O I R V E É G O X I
T U N F E M O E R N D W R K N
L O I I X M D D E T I M M L A
M N V L M E E R K I A E A A G
D K I N E A F E V O T R T H E
S I G N E L X L R N E C I C Z
P R Ê T E R F E A L M I O K J
F L G W X F T P I U E R N M E
F N J Z R B W P F P N G T Z T
K B E F T Z U A V U T Z L A E
G C Q H N G T R C H A N C E R
```

INFORMATION	MERCI
PATINAGE	MUR
RAPPELER	CUIVRE
LÈVRE	HOMME
PÉRIODE	CHANCE
HUILE	VIN
VRAI	ATTENTION
JETER	IMMÉDIATEMENT
EXAMINER	SIGNE
PRÊTER	HOUE

Puzzle 30

```
R U E P K O O E E R A E V R Y
C E V A X P A N C R F M C O J
K N Q T C T P R N Y F A I S T
K G I U C E B O E S E L R E M
O A C R I U P U T T C C R N A
F T F A E S K L É H T C E G I
T N E I T A P É P C I K L A E
U O R Y V R R I M L O N A T F
X M E T I U D N O C N É T N T
N P T F C P U V C F A N I O X
Z R I R I N H U G J A G O M N
W S A È L O T A F L L I N I X
X J R R I V R E S D O O R S L
Z M T E D G X C M E I S S E L
```

SOIGNÉ	PEUR
FAIRE	ENROULÉ
MONTAGNES	ICI
PHASE	FRÈRE
REQUIS	LOI
RELATION	MONTAGNE
AFFECTION	CONDUITE
PATIENT	AVEC
MERLES	SERVIR
TRAITER	COMPÉTENCE

Puzzle 31

```
L E F Z S K T T A L E N T R P
E T Q K M E L R E S S U O P R
O I K H U N R E A F Z K O M I
X B E X O U O I R Î P O E H N
B R S U Y A L N A P N T U I C
J O W E V J J A P T O E F J I
W D Y Y R B Q P P Z I N A J P
B A S E N V X W O S R L I U A
A N C I E N A X R Z X Q I K L
A U T R E D Q T T N K S Z M E
M A N T E A U X I I S B Y Y K
E X E M P L E P V O F O R C E
C A B Z R I O V E C N O C P M
R É U N I O N Y P T R G A O W
```

BASE
ORBITE
MILITAIRES
RAPPORT
ANCIEN
POUSSER
TALENT
TRAÎNEAU
PRINCIPALE
PANIER

FORCE
MANTEAU
JAUNE
COIN
RÉUNION
AUTRE
EXEMPLE
OBSERVATION
OEUF
CONCEVOIR

Puzzle 32

```
P H H Y A R N Z S W Y L X W E
N A L V O V I Y Z F Z R X C D
I W R B E A D S R A G Z U E Q
K N I D T Q L L Q P X K E N Â
N N E Y O T I C X U J L C W Z
É G G U V N U C U A E G N L X
H T D P E E N P O I R E A U S
W X A F R I D E L A G É H R Y
S X B T S V H X R S N C C X S
M U E M I E P H Y S I Q U E T
N P B G O D M Y S T È R E O È
F Y E C N E U Q É S K E F U M
T H É O R I E U T I A L J T E
I N T E N T I O N T T D X M V
```

MYSTÈRE	INTENTION
VERSION	AUCUN
PARDONNER	BADGE
SYSTÈME	CITOYEN
POIREAU	ÉTAT
GARS	ÉGALE
ÂNE	RISQUE
CHANCEUX	PHYSIQUE
LAITUE	THÉORIE
SÉQUENCE	DEVIENT

Puzzle 33

```
R Q O V R E G R E M É C É D S
E E F J F Ô M B E U Y U C T I
N É N K G U L I C J D I O R M
U P O A Y K H E Z Z M S N H P
E U S Z R J J H R A D S O A L
J O N O K D T D W T W O M B I
É P A Y N H S U B N Ê N I R F
D G H K R I L L I E U C E R I
A B C G I A Y F H V W D N T E
C A E N T R E P R I S E G A R
C I O U T I L E N V A H I R S
W N U V T F O U R C H E T T E
C O M P A S S I O N V W A E G
N B A X Z I M P O R T A N T H
```

BAIN	ENTREPRISE
POUPÉE	ANCÊTRE
ÉCONOMIE	RÔLE
OUTIL	COMPASSION
VENT	ROI
DÉJEUNER	CHANSON
ÉMERGER	CUISSON
RECUEILLIR	IMPORTANT
FOURCHETTE	SIMPLIFIER
ENVAHIR	RENARD

Puzzle 34

```
B F O T A T D E X P E R T I I
L I B U G N X É R V L W K G C
A L U J D E É F S E C U O P F
I S E C J M V M R E L I M Y W
S Z A G Y I W B O P R E I L P
S E L C I T R A A N I T Q H W
E I Q M X Â Q P D H E Q E S Y
G Y V W L B O R I G N A L J N
R D X H W L B O F F I C I E L
W P U V G T E É G R A N G E B
S I G N A L G X T C O S F T F
L I V R E N Q F U A S G U I H
R Y M E S U R E F L I S O Z D
T É L É V I S I O N Q L T K J
```

BÂTIMENT	LAISSE
MILE	LAC
BÉTAIL	SIGNAL
MESURE	SAUF
OFFICIEL	GRANGE
EXPERT	TÉLÉVISION
POUCES	PLIER
ARTICLES	ANÉMONE
DÉSERT	FILS
LIVRE	ORIGNAL

Puzzle 35

```
F P A P A T P P C O S M C C Z
H I G B É D R A G E R C H U Z
M M È H T B A Q M J B B E L C
M H S R N B T N A O R K M T Ô
R K M H E N I A T R E C I U T
Z R N T C I Q P U E N J S R É
C I J N É O U L E R I C I E B
M U R H R L E N J T F J E M M
S A I S O N G H N N N J R R N
M A R I A G E F M O O L X O P
R E R U E L L I E M C Q S F M
U T H A S A Y U Ç É D T D É U
R E J O I N D R E D H X K R Y
C P A C P R É C I P I T E R D
```

CULTURE	REJOINDRE
DÉMONTRER	FIÈRE
CERTAIN	PRATIQUE
CONNU	CÔTÉ
RÉFORME	RÉCENT
CONFINER	LOIN
REGARDÉ	MARIAGE
PAPA	MEILLEURE
SAISON	PRÉCIPITER
CHEMISIER	DÉÇU

Puzzle 36

```
X E C N A S S I U P S L W L Z
Z K P Q U F Q A M O O M Z É C
L B J S T R B R U M L H A O A
O W O B O A O É O C S U X P S
A N G E M C T M S Z I H K A S
A N D R O T N A D A V S M R É
N P Z I B U T C Y P B T S D S
C M Z O I R N O S I O P D E U
I O A Ç L E A M C C R I M E S
E L L N E K Y P N O T R E I D
N L I A Q B A L B X S R U U U
S A E L R U V E P O U C E Œ P
N J K A L O E X Z W P M N V S
S R I B Q H O E S O U R I R E
```

CAMÉRA	AYANT
PUISSANCE	FRACTURE
ANCIENS	CRIME
SOURIRE	POUCE
AUTOMOBILE	SAUCISSES
SŒUR	POISON
BALANÇOIRE	ANGE
NOTRE	USÉ
LÉOPARD	CASSÉ
MANQUE	COMPLEXE

Puzzle 37

```
R S A R B P A R T I L A J T H
C H U L C L U Q A L O B V O E
O C I È O D S T H X S O Y V U
N U Y N D H F C C Q E I T E R
C W S V O E R B M O N E F N E
E B O N X C L N D P R M T D U
N A A M G J É S E R U E H E X
T P S I Y C V R J H O N A U F
R P E J S Y N S O W T T C R B
E E H C R E G S Z S L X T I R
R L R B A C R V É H I C U L E
A E X P É R I E N C E K E S L
G J C G H C E S S E R L P W N
C H A U D P I S T O L E T R V
```

PISTOLET	HEURES
PARTI	CONCENTRER
TOURNESOL	CESSER
SUÈDE	EXPÉRIENCE
BRAS	VÉHICULE
PEUT	ABOIEMENT
APPEL	VENDEUR
NOMBRE	CHAUD
CHAT	BAISER
HEUREUX	RHINOCÉROS

Puzzle 38

```
C O N D U I R E C C Q Z F P C
S E R R U R E Z O O Z E E G O
P O U R I K V S U N W F V K M
I A E D F H Y R R S C F T Z P
O V I T E S S E S A N A N A L
L L G U L R T E E C I P C H É
P I P Y C E R N H R D Z T Z M
M E U Z R R O E R E R I A P E
E Q S L E A U M V R T M L Y N
S D W E C P R U O R C É O C T
R O I D R M A G J F E S C Z A
O R U Q J O G É G C O B O K I
F Q Y P E C A L Z R H G H B R
I A N I E V N B M M K Y C F E
```

ÉCROU	LÉGUME
COMPLÉMENTAIRE	EMPLOI
CONSACRER	COMPARER
ANANAS	CONDUIRE
COURSE	SOUPE
SERRURE	ZOO
VITESSE	PESER
OURAGAN	CHOCOLAT
VERRE	CERCLE
POUR	PAIRE

Puzzle 39

A D S J F H J A G P U K O A G
S U B O T Ô T Y R E H U S M O
H S B X G R T H A R É Y O É S
V N S E R E M I N D U T A L S
M O R T E L F X D R I G N I E
D Ç E N T I O Y P E K N H O S
O A H A N T R I È B D G D R M
Q L C D A N M N R F W G C E F
D G O N R E I R E R A P É R P
C J R O A G D C O U L O I R L
R L C B U Q A M Q J Q X G F X
I B C A Q R B P B Q T W J E Y
E D A K F V L M U S I C A L L
R I S C D Z E H A U T E U R P

HAUTEUR
AMÉLIORER
ACCROCHER
FORMIDABLE
MORTEL
MUSICAL
COULOIR
QUARANTE
CRIER
GEL

GRAND-PÈRE
GENTIL
PERDRE
ABONDANT
TÔT
PRÉPARER
GLAÇONS
AUBE
GOSSES
MONTÉE

Puzzle 40

```
A T E S K L N O A I F A F D Q
N T O T F N L I I P É R K H K
I M T L M A K S G R L R C R N
N T G E É U B E U E I E O N X
B D O Q I R O A I P C S N O F
G E L E R N E U S R I T F U L
K F P F K M T R E É T A I R I
S É C U R I T É U S E T A R P
S S S E A J H V R E R I N I P
V A V N T E S A O N J O T T E
S T A N D E R H S T Y N A U R
É T A B L I R U A E B P Z R J
O P M O U L I N B N I O S E B
B I E N V E N U E T S C Z V A
```

GELER	NEUF
BEAU	-BUREAU
ATTEINT	OISEAU
AIGUISEUR	STAND
NOURRITURE	FÉLICITER
BIENVENUE	ÉTABLIR
REPRÉSENTENT	FLIPPER
CONFIANT	TOLÉRER
SÉCURITÉ	ARRESTATION
BESOIN	MOULIN

Puzzle 41

```
F U K R E S B R O C O L I K A
N L G W A D O U L O U R E U X
H S U Y Q R A I R R Y V G U A
É Z E X T U E T U A F T Y X R
T Y L K N T I M V B O E W Z A
I R B M E V G L E V G R M E R
C V I B D C É I É N U M K K A
A I Q M N G T S S Y T E S Q I
P V X V E H A T U I M A G E G
A R Z Y P S R E M Z X V N M N
C E U A É G T C O N F L I T É
S F H L D S S R L V V R I C E
É V A C U E R T E X F K N G L
A S S O R T I M E N T Z R C X
```

FLUX	LISTE
ASSORTIMENT	AIR
BROCOLI	ÉVACUER
STRATÉGIE	DOULOUREUX
BLEU	IMAGE
ARAIGNÉE	CONFLIT
FAUTE	DÉPENDENT
TERME	CAPACITÉ
RAREMENT	MUSÉE
VIVRE	TRIMESTRE

Puzzle 42

A	A	P	L	E	C	L	R	E	R	É	G	D	Q	I
B	C	A	I	R	X	O	N	A	I	P	B	A	X	R
R	T	R	B	T	N	C	M	T	D	Q	M	J	F	É
É	E	E	E	O	X	A	E	M	I	I	V	P	I	F
V	L	S	L	V	G	E	V	P	E	R	S	E	A	R
I	L	S	L	R	E	U	N	I	T	N	O	C	B	I
A	O	E	U	Q	R	S	H	B	E	I	C	T	L	G
T	C	U	L	R	E	M	P	L	I	R	O	É	E	É
I	K	X	E	N	Q	U	K	W	M	Z	X	N	R	R
O	G	E	E	É	S	G	N	K	U	G	H	Y	V	A
N	S	S	E	R	P	X	E	O	K	V	X	J	I	T
S	H	N	Y	R	E	T	S	M	A	H	P	U	U	E
Y	T	U	P	A	R	T	A	G	E	R	J	C	S	U
W	O	M	D	C	W	W	S	Z	Z	Q	Z	X	C	R

COMMENCÉ
HAMSTER
VOTRE
GÉRER
RADIS
REMPLIR
COLLE
ABRÉVIATION
LIBELLULE
FIABLE

EXPRESS
SUIVRE
PIANO
EXCEPTION
CONTINUER
ACTE
PARTAGER
PARESSEUX
CARRÉ
RÉFRIGÉRATEUR

Puzzle 43

```
S D L E X P L N A V I G U E R
A O C U U W Q O C É L È B R E
P C C Q D U M D U V L F V P Q
D O E I M H B D É T V Q I W D
E N N N É W W M U P R C O W H
M T U H S T J C W L R E É D I
A R Y C E V É H Y P E I C S Z
N Ô R E S R E V N I G N M U G
D L A T A Q H H F R N J T E H
E E O R E I L L E I A S S L R
C H È V R E M Ê M W M I O E U
F A C T E U R X C L A I R Ç U
D I F F É R E N C E K L Q O E
M I S S I O N R V A X N L N E
```

DEMANDE	DÉPRIMER
MÊME	OREILLE
MANGER	CLAIR
TECHNIQUE	INVERSER
DIFFÉRENCE	PAS
LOUTRE	NAVIGUER
CHÈVRE	FACTEUR
LEÇON	MISSION
IDÉE	CONTRÔLE
SOCIÉTÉ	CÉLÈBRE

Puzzle 44

```
C S D P U R K K E W A X D W T
M R E H C Ê P M E S A P R M R
E U I Q K V K I T É Q D G M A
A N S T A B É D X T E J B O D
N I S C I L V Z G Ô M V O T I
N Q H E A Q R É A C T I O N T
É S C T M D U H T M H B C A I
E N K C J B E E G U O R H T O
S I M U L É L B H T G E A S N
L A J J Z Q K E X N V R R N N
D É C L A R A T I O N É B I E
F O U R N I T U R E S S O L L
F X X K F A B F X H B N N D P
G É N É R A L H I R E I T N E
```

CHARBON	BLÉ
MUSCADE	EMPÊCHER
TRADITIONNEL	SIMULÉ
ENSEMBLE	DÉBAT
ENTIER	ANNÉE
INSTANT	DÉCLARATION
OBJET	ROUGE
FOURNITURES	CÔTÉS
GÉNÉRAL	CRITIQUE
RÉACTION	INSÉRER

Puzzle 45

```
Y E R D N O F B L I D E M A S
C T N L U C I O L E T H A I J
J O P V A T P Q K W L Y U I Q
H Y L I I A M J X I G Q V M Q
I O A O N R E H C F Z N A P P
S C C J N C O J M É U J I O A
P Q G O V S E N Y T X S S R R
A S T Z Z D N A N R F E V T T
U F I C E R I I U E A N R E E
S O R L R A L R S B M S L R N
E S O U K N L G C I K E W H A
Q S I F G I O X C L B H N J I
T É R O Z P C L N R R C F T R
D U E R L É Y M I N U T E S E
```

COYOTE	CHER
COLONS	FOSSÉ
MAUVAIS	LUCIOLE
MINUTES	MAI
PAUSE	FONDRE
COLLINE	PINCEAU
PARTENAIRE	IMPORTER
LIBERTÉ	SENS
SAMEDI	ÉPINARDS
TIROIR	ENVIRONNEMENT

Puzzle 46

```
C E R F V O L A N T G R T N I
C Q U A T R I È M E L J R E N
I O A P R O F I T E R M D L F
X W M T R A I T E M E N T I I
Q T F I I I O W G O U B S L R
T U G Q T A M I L C E N N A M
S D A O L É V G I N Z B X S I
G É T N E M E N R E V U O G È
M P B O T T O D E U R N V I R
A E T T C I R Ê V E O C L D E
R N T O R C T D I M I N U E R
I S R C X R E É N G I E S N E
V E R C B Z E R I O R C V N T
O R M B M X V I F R E P É R É
```

QUATRIÈME	CERF-VOLANT
MARI	DIMINUER
PROFITER	CERF
TRAITEMENT	GOUVERNEMENT
INFIRMIÈRE	COMITÉ
ODEUR	CLIMAT
LILAS	ENSEIGNÉE
DÉPENSER	QUANTITÉ
COTON	REPÉRÉ
RÊVE	CROIRE

Puzzle 47

```
C O N T E N I R P F W B D B A
J Q K N L L X U A E S I C R D
P T H E C S I D T R N S M U U
B H G L Y E O V N B D N M I L
A J K R C M X C I T S N I T T
E L B A T R O P I C E O R E E
D Y U P V E R E P A Q I A H S
O Z B A U T V É L R L X N C U
S O U T E N I R A Q A E A O L
H Ô P I T A L U T P N N C L O
I V F C L R Q D S C L N M C E
K I N T E R V I E W R O L G R
Z M L C E M Z G M R M C S J I
Y H F E W I S R J A Z M O P W
```

CIVILE
CLOCHE
DURÉE
TERMES
PORTABLE
BREF
SOCIALE
HÔPITAL
SOUTENIR
CANARI

CONTENIR
CONNEXION
BRUIT
CISEAUX
CYCLE
ADULTE
PENNIES
PARLENT
INTERVIEW
PLATS

Puzzle 48

```
S  P  F  N  K  Q  X  P  X  T  I  V  T  U  T
É  R  M  F  N  V  O  Z  P  N  P  E  R  T  E
C  O  P  H  O  T  O  G  R  A  P  H  I  E  F
H  C  K  Y  I  R  Y  X  H  S  C  R  S  G  B
É  E  V  H  S  X  I  E  D  I  O  É  I  È  O
Q  S  M  H  S  Y  N  R  J  F  R  V  L  I  N
W  S  X  E  E  K  L  M  E  F  B  E  E  S  B
G  U  M  I  R  O  I  R  L  U  E  I  N  D  O
S  S  Q  Q  P  B  E  W  N  S  A  L  C  W  N
K  D  X  V  Y  N  T  G  O  A  U  L  E  G  S
Q  D  V  P  I  R  R  T  I  J  T  É  F  F  G
C  H  O  I  X  E  O  N  G  U  U  I  Y  V  Z
R  U  F  T  D  N  V  F  É  P  R  F  V  F  A
I  S  O  N  C  L  E  M  R  E  O  I  L  E  H
```

CHOIX	NATIVE
RÉVEILLÉ	ONCLE
CORBEAU	SIÈGE
PRESSION	VIE
ORTEIL	MIROIR
PHOTOGRAPHIE	PERTE
RIRE	BONBONS
SUFFISANT	PROCESSUS
SILENCE	JUPE
RÉGION	SÉCHÉ

Puzzle 49

```
M M N W C H N F F N E B R E Z
S E S U E I R U F T V B A X O
F U N L L Z É I F T D I P P Z
A V F S L S Q T C O A A P L I
S B N D U U X E N A U K O O H
I X M B L Q P Y P A E V R I C
R U N G E C N E I C S X T T R
P E R È I V I R V I D O E W E
M I N C H A N D A I L L R P C
O R H N I N V O Z Y T M A I O
C U C B O U I L L O I R E È R
A C T C Z D P T C A T N O C D
P L A Q U E K O M Q G I L E X
C O M B I N A I S O N P N X N
```

RIVIÈRE	RECORD
CELLULE	RAPPORTER
CONTACT	COMBINAISON
FUITE	PLAQUE
BOUILLOIRE	DONNER
COMPRIS	CHANDAIL
EXPLOIT	MATCH
SANTÉ	CURIEUX
PIÈCE	SCIENCE
FOU	FURIEUSES

Puzzle 50

```
F B H M U L J F F A W V M D A
R A P I D E O Z I R M L A I T
V E R S R E V I R P A I W O P
L R E L U T B T N U M I Q R L
A V L D E N R R I T I N S F U
R I L D T E O D S G A H B E I
G V E X C G S C S V F I H E E
E R U F O I S Y U V T U N F S
U U T G D L E E O E S P O I R
R S C S O L U H P T T T P A H
E L A S R E V S N A R T P X Q
E H G C U T M A T É R I E L O
U O Y D T N E R È F É R P D E
E R N X A I A N T I Q U E S K
```

DOCTEUR	LAIT
RAPIDE	MATÉRIEL
LARGEUR	SURVIVRE
VERS	INTELLIGENTE
ESPOIR	PLUIES
BROSSE	LOINTAIN
ANTIQUE	ACTUELLE
PRÉFÈRENT	FRAISE
POUSSIN	FROID
PRIVER	TRANSVERSALE

Puzzle 51

```
D  Z  W  B  V  O  Y  A  G  E  Z  O  O  R  G
W  É  R  E  N  C  O  N  T  R  É  B  W  I  E
A  T  L  R  E  I  L  P  I  T  L  U  M  D  S
G  R  T  I  A  V  A  S  H  R  N  J  U  E  T
O  O  S  O  C  E  L  L  E  W  F  A  R  S  I
N  M  J  V  T  I  A  R  T  R  O  P  V  O  O
A  P  G  A  D  E  E  É  G  N  O  L  P  A  N
P  E  L  S  Y  S  K  U  H  O  R  S  E  M  N
X  R  M  Y  R  S  R  L  X  P  K  S  H  C  A
P  O  U  S  S  I  É  R  E  U  X  U  C  S  I
Y  N  Y  S  J  A  N  Y  U  O  L  B  F  W  R
U  K  L  E  N  R  E  T  X  E  D  P  K  B  E
E  K  J  Z  R  G  J  D  L  M  J  G  T  X  O
M  A  R  G  U  E  R  I  T  E  R  È  S  I  M
```

AVANT	EXTERNE
MISÈRE	ELLE
GESTIONNAIRE	PORTRAIT
MARGUERITE	WAGON
MULTIPLIER	SAVAIT
RENCONTRÉ	RIDES
SAVOIR	GRAISSE
VOYAGE	PLONGÉE
POUSSIÉREUX	DÉLICIEUX
TROMPER	HORS

Puzzle 52

```
C  C  P  P  X  H  M  V  X  T  T  Y  V  M  D
P  H  H  A  Z  N  É  C  L  E  I  C  A  O  I
R  H  A  O  O  M  T  I  W  N  D  E  R  N  R
O  A  T  L  C  I  I  N  H  D  D  D  I  S  E
P  U  S  E  E  T  V  D  W  R  O  P  A  I  C
A  N  U  U  N  U  A  I  E  E  U  A  B  E  T
G  J  A  N  B  H  R  Q  S  M  X  R  L  U  I
A  N  Z  N  B  X  G  U  P  E  R  T  E  R  O
T  O  O  A  E  R  E  E  K  N  C  O  S  L  N
I  U  B  N  D  A  D  R  G  T  K  U  N  H  H
O  V  S  E  R  V  I  E  T  T  E  T  U  É  N
N  E  U  V  I  L  L  E  P  O  I  G  N  É  E
B  A  B  G  D  M  Q  H  E  R  M  I  N  E  N
B  U  N  É  G  L  I  G  E  N  T  E  Z  V  M
```

TENDREMENT	ANNUEL
HERMINE	GRAVITÉ
DOUX	VARIABLE
NÉGLIGENTE	CHOC
PARTOUT	CIEL
NOUVEAU	DIRECTION
VILLE	-INDIQUER
PROPAGATION	POIGNÉE
CHALEUR	ÉNORME
MONSIEUR	SERVIETTE

Puzzle 53

```
D E N T S T K H D J C L E N D
C T I R E R K C É C O V Z I F
N O D U E O N H C R U Y R F M
U V R H W M A O R M R H K P V
T L U R M N P S I M R O P P W
R Z O N E O T E R S I Y S A G
I A L G Y C D S E L E I R É S
M T Y M B A T E U Q R A M E R
E I E A R M E D S P V L T F G
N S J N V C A I O T Ô T U L P
T O S S D W N G I L E S Q V Y
S L D L T R I I D M U L A Z R
I É K X T A E R V K J M E L S
A F F E C T E R D G A D S R V
```

COURRIER
TIRER
NOEUD
LOURD
CHOSES
SÉRIE
TENDRE
RIGIDE
VOTE
NUTRIMENTS

PLUTÔT
BYE
CORRECT
ISOLÉ
MODESTE
DENTS
AFFECTER
ARME
REMARQUE
DÉCRIRE

Puzzle 54

```
Q Y M E N F A N T S V J W C C
G W T A E N N E M I S X M R W
R S G J R E N I S S E D B O I
É J N O I T A T I U Q É K I O
D Q T N E M E S U E Y O J S B
U X R W Z L J A I Z D Q M S R
I D E R B M O S U X S N G A E
R P G D C O L L I S I O N N T
E D N L N R A D I O R E I C I
I L A L A I D É F E N S E E R
H D H S T P S V I Q N M U O E
B W C É U O C E S Y M I T G R
T D K J R L O C A L I S E R Y
A T D M E R U S S U A H C R E
```

LOCALISER
RADIO
DESSINER
INDEX
ENFANTS
COLLISION
MARTEAU
SOMBRE
CHANGER
CHAUSSURE

JOYEUSEMENT
DÉFENSE
CROISSANCE
SECOUÉ
RÉDUIRE
RETIRER
NATURE
ENNEMIS
ÉQUITATION
REINE

Puzzle 55

```
Q  P  I  Z  C  U  P  A  B  E  I  L  L  E  V
J  R  I  N  E  V  E  R  E  P  A  R  T  T  A
A  R  C  T  I  Q  U  E  É  I  O  G  S  E  N
S  R  H  N  C  S  N  P  I  S  O  Y  K  D  S
É  R  P  O  X  R  L  P  N  Y  E  N  I  A  L
T  Y  P  I  Q  U  E  A  D  E  G  N  A  R  O
I  S  R  T  M  E  Z  H  É  L  R  C  T  V  R
R  S  P  A  R  T  S  C  P  A  O  K  O  E  G
É  E  T  N  V  A  O  É  E  I  S  A  O  U  R
V  G  L  N  K  R  N  K  N  C  E  P  K  X  R
L  Q  K  L  V  R  T  R  D  É  I  P  E  F  H
K  E  X  Y  A  A  K  V  A  P  L  E  P  F  F
R  A  Z  R  L  N  H  G  N  S  L  L  U  D  W
M  A  T  I  È  R  E  X  T  E  E  É  H  F  N
```

REVENIR	SON
MATIÈRE	NARRATEUR
TYPIQUE	ARCTIQUE
ATTRAPER	INDÉPENDANT
APPELÉ	PRÉSENTER
VÉRITÉ	-ALLER
NATION	ORANGE
LAINE	GROSEILLE
COUR	SPÉCIALE
ABEILLE	ÉCHAPPER

Puzzle 56

```
S T R U C T U R E C N O J F D
J N O I T C U D O R P B S L I
E N O H P É L É T O M B E R S
S J K E Q F Y C D Y P K R I S
A H Y R C A F O Z M R P T O E
S B K A H U Y U B B E J U V M
É P E Y A T E V R O L L A E B
B C E P Q E R R E M R E F D L
I L R Z U U T I P O U S S É A
S G O I E I Ê R U O H E E F B
X N Y C R L T E O X R T I M L
L H P X S E U P L Q A P V B E
R K J D G J E Y Z X W O M D J
I G I M R A P G F K N D W I B
```

PARMI   HURLER
POUSSÉ   CHAQUE
STRUCTURE   FAUTEUIL
TÉLÉPHONE   PRODUCTION
ÉCRIRE   TOMBER
VIES   FERMER
-PEUTÊTRE   BLOCS
DISSEMBLABLE   LOUP
DEVOIR   IMPROPRE
DÉCOUVRIR   AUTRES

Puzzle 57

```
L M P É G A X D A V A T A U M
E B O X T L R L W T U A H R E
P G T C J A I G V Y S M D U N
V T I L X A I S A G S B U B T
O N I Q R Q V E S A I O F L I
R E C N I R P Y N E D U E Y O
D T D É S S E R P T R R U P N
I R V S E P R X J Y O I K J N
N O D O R J I F Z A F A R I E
A P G P B A O R E M U S É R R
I M N M R R N X E D N O M K G
R O A O A Y R E G R U B M A H
E C L C D I V E R T I R S Q K
E N G A G E M E N T C W V N Z
```

ORDINAIRE

MENTIONNER

PRESSÉ

NOIRE

MONDE

COMPOSÉ

PRINCE

COMPORTENT

ARBRES

FEU

TAMBOUR

DIVERTIR

HAMBURGER

ÉTAIENT

HAUT

INSPIRER

RÉSUMER

AUSSI

GLISSER

ENGAGEMENT

Puzzle 58

```
E B K A U P P P O R T I O N C
O X A G Q G C R A I F B T É O
W K X L B G W G O M W R R T N
B O X E A X L O C J G N O A F
O R E I C N A N I F E Z I N É
V V C H H Y C K T P R T S G R
V I S I B L E E B R E H I T E
P O U R R A I T R E M X È H N
A L I M E N T A T I O N M B C
E R R E U R C O U P A K E J E
G Â T E A U M X P B X F P Y Y
E D D Z U E M A R Q U E Z C S
D E N C U J P Z D A L L É M P
C J E V Q B F Q J X M B P F E
```

MARQUE	MER
POURRAIT	COUP
HERBE	ALLÉ
BOXE	FINANCIER
PORTION	ALIMENTATION
PROJET	BALANCER
TROISIÈME	VISIBLE
ÉTANG	LYNX
GÂTEAU	ERREUR
JEU	CONFÉRENCE

Puzzle 59

```
F Y F F D X E W R P V K S R B
Q J T M O I Z R M R U O T E R
W D U V O R N I T O O R E P H
V M I N C E Ê D A F P É C E A
M I G N O N Y T E I I S G I B
P R I V I L È G E T N O A G I
Y Z M O T E L N R O I U U N T
W M P Z P O V I D X O D C E A
Y L P U O E D V N F N R H V T
H N Q Y D S E R E A K E E C Q
S O U R I S T U T I T S B U S
A O L A R E X L É T D E D T U
R X L V O R X S D F A A F O A
C M H A W P J E M F X Y A K X
```

OPINION	HABITAT
GAUCHE	PEIGNE
PRESSE	DINDE
RÉSOUDRE	FORÊT
MOTEL	SUBSTITUT
VINGT	SOURIS
PRIVILÈGE	MIGNON
MINCE	DÉTENDRE
CRASH	RETOUR
CET	PROFIT

Puzzle 60

```
R  E  S  P  I  R  E  R  R  C  P  Z  C  V  G
F  V  B  T  N  N  T  C  H  A  G  G  L  Z  R
I  I  F  H  O  S  R  H  W  T  V  I  O  K  O
T  P  L  E  I  L  U  A  I  E  P  I  C  J  U
A  A  S  R  T  N  O  U  A  E  P  O  K  R  P
G  R  W  M  A  Z  C  S  M  R  P  A  Ê  S  E
É  F  P  O  V  T  T  S  A  D  O  T  É  L  T
N  A  P  M  I  G  W  E  R  A  C  D  C  N  E
O  I  T  È  T  G  K  T  I  C  B  C  O  C  E
R  T  H  T  O  U  U  T  É  T  M  J  U  Z  N
W  J  K  R  M  H  V  E  L  Î  Z  N  T  D  T
C  Z  G  E  P  V  V  S  B  I  F  Y  E  V  R
D  É  N  O  M  I  N  A  T  E  U  R  R  D  E
A  P  R  È  S  M  I  D  I  T  R  O  I  S  U
```

ÉCOUTER	RESPIRER
ENTRE	PARFAIT
TROIS	NÉGATIF
POÊLE	CADRE
COURTE	DÉNOMINATEUR
CHAUSSETTES	APRÈS-MIDI
GROUPE	MARIÉ
PEAU	THERMOMÈTRE
ÎLE	MOTIVATION
FIL	SOLO

Puzzle 61

```
S E R D N E R P M O C G F E C
U Q S G A P I L O T E N I D A
D P N O R U E U O J L M T E N
I P A T L S P W U K C É A D N
G S V H G D A H E Q I D N J E
I O I U K A A Y I X T E R V L
K U R Q A M C T P N R C E V L
L R E O L V K C J S A I T L E
V C E S P R I T U K L N L Y J
I E S S E M O R P S W E A M P
A V A N T A G E L I E M M O S
D I F F É R E N T E T R D J N
D I S P O N I B L E O X J F H
S J X Z S G G Z Y P U M W R L
```

ARTICLE	MÉDECINE
ALTERNATIF	SOURCE
ESPRIT	NID
JOUEUR	SUD
DIFFÉRENTE	COMPRENDRE
DAUPHIN	DISPONIBLE
SOMMEIL	SOLDAT
PROMESSE	AVANTAGE
CANNELLE	PILOTE
ACCUSER	NAVIRE

Puzzle 62

C	O	N	N	A	I	S	S	A	N	C	E	S	H	G
A	M	I	S	M	M	F	U	I	U	D	R	U	É	I
O	A	Y	Z	P	O	V	L	H	Q	F	J	W	L	N
A	C	T	I	F	A	W	V	U	D	O	S	A	I	G
Y	E	R	F	R	Y	R	U	J	I	K	F	M	C	E
D	T	U	E	C	N	A	T	S	I	D	O	S	O	M
E	N	E	N	R	E	T	N	I	Q	J	E	O	P	B
M	A	T	V	A	R	L	S	V	C	Y	C	L	T	R
E	T	U	T	M	U	H	O	P	O	I	F	G	È	E
M	R	A	N	R	T	H	W	M	O	M	P	O	R	P
R	O	T	O	M	N	J	Y	E	R	R	A	E	E	V
I	P	Q	É	S	I	L	I	T	U	C	T	A	R	G
E	M	N	N	X	E	U	Q	F	A	C	E	É	G	L
M	I	N	U	S	C	U	L	E	X	C	V	Z	G	Q

HÉLICOPTÈRE ACTIF
MINUSCULE CONNAISSANCES
MOTO AUTEUR
FLUIDE PARTICIPER
GINGEMBRE SOL
UTILISÉ AMIS
PORTÉ FACE
DOS INTERNE
DISTANCE CEINTURE
IMPORTANTE JURY

Puzzle 63

```
P A N E F I D K M H X Y E R F
I P F V R O D N O C Z R E O O
L P Z I É N G A G G A E G C N
U R E U Q I L P M I N L R H C
L O D Y U N O H U I T I E E T
E P I R E L U O C S N G N R I
J R V K N A H L U G E I O D O
M I A G T P M U R K T E U É N
P É S E L O N I I S N U I C N
M A X J S W H A C A O X L I A
D I F F I C I L E A C P L M L
C O N T R I B U E R L L E A I
E B B B G T Y R Y L Z S C L T
B N R L X Q B I T J Z N N M É
```

FRÉQUENT	PILULE
HUIT	GRIS
CONTENT	DIFFICILE
GAGNÉ	RELIGIEUX
SELON	CONDOR
AVIDE	FONCTIONNALITÉ
CONTRIBUER	GRENOUILLE
IMPLIQUER	ROCHER
APPROPRIÉ	DÉCIMAL
COULER	AMICAL

Puzzle 64

```
E  L  D  T  A  T  N  E  M  E  N  G  O  R  G
S  V  N  E  T  R  C  P  L  S  U  O  V  Z  C
I  Û  V  N  O  E  E  N  M  S  X  X  K  R  O
A  P  R  I  M  V  R  G  E  E  E  O  J  L  N
V  X  H  R  I  I  O  J  É  N  R  Q  V  A  D
U  V  J  I  Q  R  C  T  V  T  U  R  M  C  U
A  H  V  J  U  R  S  O  E  I  O  E  K  P  C
M  P  Y  L  E  A  X  U  B  E  J  R  U  A  T
C  O  M  M  U  N  T  S  Y  L  N  È  P  G  E
C  Y  F  O  U  L  A  R  D  L  O  I  R  E  U
Q  R  G  F  O  Z  U  O  W  E  B  M  M  W  R
G  P  P  Q  L  M  R  E  V  S  L  U  U  D  W
G  Z  T  Z  C  L  A  A  S  F  P  L  X  X  X
X  R  S  G  L  A  N  D  S  E  K  G  D  T  Z
```

MAUVAISE	GLANDS
FOULARD	TOUS
ATOMIQUE	CONDUCTEUR
LUMIÈRE	COMMUN
ARRIVER	BONJOUR
SCORE	CLOU
TENIR	GROGNEMENT
VOUS	SÛR
ESSENTIELLES	SEUL
PAGE	PROTÉGER

Puzzle 65

```
I N T E R A C T I O N G T U D
V E U L E N T A Z S P P J C N
B O I J S P I H C H A T Q T N
L H I L E L B A T R O F N O C
F Q P O N M A B M G Z W H L S
Q Q G S I R P C K Z L T N K J
E H Y V O E N V O Y É S H M V
P T C A R B D P A P I L L O N
D Y Z W A R I N E V E D C M P
I E J O B V T P O L I E N A O
A K M Z N C E T I S I V G J W
I C A A M E C N S É P A R É F
E O I S I C R N I R R O S E J
M H W Z O N Q F F R P O I N T
```

ZONE	BAR
VEULENT	ROSE
POINT	DIT
ENVOYÉ	VISITE
DEVENIR	PRIS
DEMAIN	INTERACTION
POLIE	SÉPARÉ
HOCKEY	AVENIR
CONFORTABLE	SENIOR
PAPILLON	CHIPS

Puzzle 66

```
P I V O L O N T A I R E Q F T
S R U O C S I D U E N K W M O
G M O I N T E R A G I R K T R
V W J D S O U D E N G Y C N T
J R I R U O C R M M G B N E U
T I T R E I I Q O I M D X M E
R O P J G J T K N D B O V E G
E M N D B S K T T I V O G R M
F Q F O P D A A E O F Y X È J
S T A N D A R D R T E S M I I
N F P R C O N C L U S I O N E
A E M B E F A C R È M E Q R D
R I I F H F L A T I P A C E Y
T W H S T E P M R A A G F D J
```

PRODUIT
TORTUE
INTERAGIR
TITRE
VOLONTAIRE
STANDARD
CRÈME
DISCOURS
COURIR
TRANSFERT

CONCLUSION
PLAN
DERNIÈREMENT
GOMME
CYGNE
IDIOT
SOUDE
CAPITAL
FERA
MONTER

Puzzle 67

```
A A S A N D W I C H W Y H E K
D W I I N T E R C E P T E N T
M Q A G J H W H Z P Z R A Q T
E R S E L L I E T U O B C W Z
T C J U J E M M O C X O K G S
T R E V R E S N O C A L E U R
R F U O P S P R É C I E U X E
E B A S K E T C O S S A L M V
C A R T A B L E N H V X J D A
M C A I L L E A O X E U D I R
N I A D U O S H U E W D O Z T
Y F L A R G U M E N T E R U P
N S M L C I T R O N Y A V B F
B K Z R E L E C N I T É Y D G
```

BASKET	CARTABLE
ÉTINCELER	LEUR
PRÉCIEUX	TRAVERS
INTERCEPTENT	CAILLE
AIGLE	SOUDAIN
COMME	LASSO
MILLE	CONSERVER
DEHORS	ADMETTRE
BOUTEILLES	SANDWICH
CITRON	ARGUMENTER

Puzzle 68

```
V C T R A N S P A R E N T R I U
U U O B I H M O D I F I E R N N
X N H M N A T I O N A L E V F
C E V S P E Z G K W M O L S É
P A B S R É V U O R T H M Q R
E T R W C S T N A H P É L É I
R I W T V Q Z I P I E D I E E
R M E T E B B B T K X K N Q U
O I U S A B R P J I X I F T R
Q D Q A T S H A R K O M L D E
U E S P J O I R G Q E N C I Z
E B A E F Q M C F É R O C E C
T R M R E P P A R F V L N A U
O U B L I É Q F C A P D T O X
```

TROUVÉ   PIED
REPAS   FÉROCE
COMPÉTITION   INFÉRIEURE
OUBLIÉ   MASQUE
TIMIDE   HIBOU
PERROQUET   TRANSPARENT
FRAPPER   NATIONALE
PARC   ESTOMAC
ÉLÉPHANT   MODIFIER
BAS   CARTE

Puzzle 69

```
C A Y H L Y Q H I C S A N S Q
N U G B A W R D R Z W C O E Z
O O I R S U R Z G M P H B C P
D F V L E C Â R G C U E L O V
Y A V M L S N O S I B T E U Y
N E X B N È S H H R J É T E J
Z A U Z N U R I K C Q J Y R T
U A Y X S U V E F U I K L O H
B A T T R E L S U L P B I T C
P O I N T U A E R E R É F É R
C A L M A R T R O R Q U P G M
S O U D A I N E M E N T Q C K
P R A I R I E U Q I G A R T L
F E R M E D M L B B R Y O F H
```

FERME	GRÂCE
NOBLE	CUILLÈRE
SECOUER	RÉFÉRER
DONC	SUR
ACHETÉ	CALMAR
PRAIRIE	TRAGIQUE
BISON	AGRESSIF
YEUX	SOUDAINEMENT
POINTU	BATTRE
CIRCULER	MENTAL

Puzzle 70

```
O A T T A C H E R D U G C M O
X I S C A R R I È R E W M C A
Y X E R D N E F É D P I E D S
U A N I A R T H H F X F G L P
L Z U G D C L A I R E M E N T
I B L E R U T Ô L C B D T F S
G W M M D N A L É A T O I R E
N D D G M B B P K M A R I E R
E Y E F P D E T A N F V O U È
O C Q N I V L E O R U A A K T
K D G G S O E L T H C X B V S
D N H A V E T P L A N T E S Y
R E U B I R T S I D L G S V M
F P Y Q T V E E H I H E U R E
```

CLÔTURE	DISTRIBUER
PLANTES	PIEDS
MARIER	CRAPAUD
LIGNE	OIE
HEURE	SIX
MYSTÈRES	DENSE
BELETTE	LUNE
ATTACHER	CARRIÈRE
ALÉATOIRE	TRAIN
CLAIREMENT	DÉFENDRE

Puzzle 71

```
M H V R G E H E L L I A T S B
O R I D E O O N É T R E I N T
R E H C A C N T I G I G Y O R
S I A M A J O R U I S A Q Y É
U È R L O P R É J O É L F A C
R Q C I G K A E O D D P L R E
E G T C K U B L R S Z P E C M
J N M V A W L N A U K H U L M
W C L P X U E U O B E F R X E
É G L I S E M J F S N G Z F N
Y P T N E M E D I P A R G R T
X I H O S L N P T O N G D W P
A O Z I X K T H C R A N M K F
A P P A R A Î T R E B A S P D
```

RÉCEMMENT	RUE
JAMAIS	CRAYONS
DOIGT	DÉSIR
APPARAÎTRE	ÉGLISE
BOUEUX	PLAGE
ACCÈS	MORSURE
HONORABLEMENT	BANANE
RAPIDEMENT	CACHER
ENTRÉE	FLEUR
TAILLE	ÉTREINT

Puzzle 72

```
R P Z Y U Y E L P U O C N D Q
E E R N O I T A R É P U C É R
T G C O I T S I L A R G E C P
I L S O N L U C A A T G W I E
O A E K N O J K W H B G J D R
L C F V I N N K V Q U U Y E M
P E G I W Z A C Q E R O F R I
X U E V X X R Î I D L W S H S
E G Q B T Y E I T A C I L É D
I O B N O I T C U R T S N O C
A R C E N C I E L G E I S G K
H D Q T E Z G P D V S Y O U F
P È R E I T A D U Q E Y F N O
P R O G R E S S I V E Z E V N
```

GLACE
PERMIS
PROGRESSIVE
DÉLICAT
PÈRE
PRONONCIATION
RIEN
ARC-EN-CIEL
COUPLE
RECONNAÎTRE

SOUHAIT
DÉCIDER
CONSTRUCTION
RÉCUPÉRATION
DROGUE
JUSTE
AGITER
GRADE
LARGE
EXPLOITER

Puzzle 73

```
O  A  T  T  E  N  T  I  F  L  M  F  F  P  I
F  O  N  C  T  I  O  N  F  V  É  A  E  L  I
N  E  L  G  E  U  A  F  P  B  D  T  R  A  J
P  F  L  U  X  E  W  K  N  S  I  I  M  I  F
N  O  C  O  M  P  L  È  T  E  C  G  I  N  I
O  E  L  B  I  G  I  L  É  N  A  U  E  E  L
U  D  É  I  P  B  Z  F  Z  V  L  É  R  S  L
V  M  R  M  C  R  E  U  Q  I  L  P  X  E  E
E  I  G  A  S  I  U  T  S  N  G  W  G  Q  S
L  N  E  S  P  X  E  N  E  Y  O  M  S  H  P
L  E  D  V  G  E  J  R  E  A  R  F  V  G  X
E  U  H  Y  B  I  A  I  M  P  L  I  Q  U  É
S  R  V  X  H  G  P  U  J  R  S  T  M  M  H
C  A  L  C  U  L  A  T  R  I  C  E  U  I  I
```

FONCTION	DEGRÉ
FILLES	CALCULATRICE
FATIGUÉ	COMPLÈTE
IMPLIQUÉ	ÉLIGIBLE
ATTENTIF	POLICIER
MOYEN	MINEUR
FERMIER	MÉDICAL
PLAINES	PRUNE
DRAPEAU	LUXE
NOUVELLES	EXPLIQUER

Puzzle 74

```
B Z R D I W Y F C E R D N E P
E V E É L C K G É X N C C I A
R T Ç T T E H E L L Z C I N S
C M O E R N O U I E S I O M S
E I I C A N O Q B R T H X R É
A E V T N O Z I A U O I K M E
U S E E G R V T T T U D G U Z
P I N R L U B É A A T I A T É
X R T Z A O S G I N R Z O Z X
F P Ê N I C Z R R U M É T A A
I R M T S O D E E A L F N S M
D U M O U T O N S G S E C É F
K S Y L N Q H É F E N Y H Y G
L N U P A S T È Q U E R Z S K
```

MOUTONS	CÉLIBATAIRE
PASSÉ	ÉTAIT
DÉTECTER	LOT
ÉNERGÉTIQUE	PRÊT
ANGLAIS	SEC
COURONNE	GÉNÉRATION
TOUT	SURPRISE
PASTÈQUE	NUAGE
NATUREL	REÇOIVENT
ENCORE	BERCEAU

Puzzle 75

```
S  I  È  C  L  E  W  W  W  A  X  S  F  Y  R
C  O  N  F  I  A  N  C  E  D  C  É  L  Y  R
R  É  P  O  N  S  E  E  E  M  O  C  E  L  W
V  O  I  S  I  N  D  Z  X  I  U  H  N  S  T
I  N  S  T  A  B  L  E  A  N  R  E  N  T  R
R  T  F  B  H  T  W  P  C  I  A  R  O  Z  B
I  R  I  O  I  V  D  É  T  S  G  E  S  K  I
V  A  D  U  S  F  Y  R  E  T  E  S  R  F  F
A  I  È  C  T  S  E  I  M  R  U  S  E  C  R
G  T  L  H  O  R  I  M  E  A  S  E  P  I  Y
E  É  E  E  I  V  P  È  N  T  E  M  A  I  N
Q  U  Z  W  R  S  F  T  T  I  M  V  Q  M  C
C  E  O  G  E  V  F  R  B  O  X  V  A  T  R
R  E  J  E  T  E  R  E  H  N  S  L  W  Z  N
```

MAIN	REJETER
SIÈCLE	COURAGEUSE
HISTOIRE	EST
INSTABLE	TRAITÉ
VOISIN	SKI
CONFIANCE	ADMINISTRATION
BOUCHE	SÉCHERESSE
FIDÈLE	RÉPONSE
EXACTEMENT	PERSONNEL
PÉRIMÈTRE	RIVAGE

Puzzle 76

```
T R O P S N A R T B T I F Z A
N C A H O R L O G E R T T E L
F H J I I F R C É M D X D O A
W E F S S O Y A C A I R Q P E
C M G T E I B B H D D Z V N N
L I U N N X N A E T S I T R A
Z S F K S U O E L K Y V W Z N
F E X F O A I I L X M U I W A
C O I K L E T T E U Q S A C T
O Y R B E D U D N O F O R P A
U G B T I I L O L H P B A Y T
D I B N L R O L R K F O Z U I
R X N F L R S V O L U M E J O
E F H V É C A M P A G N E V N
```

COUDRE
FORT
CAMPAGNE
SOLUTION
ÉCHELLE
RAISIN
VOLUME
PROFOND
ENSOLEILLÉ
NATATION

CHEMISE
HORLOGE
ROUE
RIDEAUX
LETTRE
CASQUETTE
TRANSPORT
ARTISTE
DAME
HOUX

Puzzle 77

```
R É U T I L I S A B L E U U X
S C E A U Z I R E D R A G E R
I N T E R R O M P R E V B J U
H I V L F C F E B C D A S V M
J E B B J A Y P H O R P Y B H
W L Z A E K R C M Q A E T O P
R P F S E E G I L T G U Y S Y
R W P È A K R E G I S R Q C H
D E N R Q A A N S G S Z X A A
F K P T P E N N Y T W M I O I
C H A M P I G N O N I M E W E
P O U R R I T U R E X O O B N
C O N F O N D R E Q C S N S R
I N O N D A T I O N B A L L E
```

CONFONDRE
SCEAU
REGARDER
SABLE
CYCLISME
TRÈS
INONDATION
CHAMPIGNON
GIRAFE
INTERROMPRE

BALLE
HAIE
TOP
GARDER
GESTION
RÉUTILISABLE
PENNY
POURRITURE
PLEIN
VAPEUR

Puzzle 78

C	F	F	L	V	Q	R	I	D	E	A	U	M	M	Y
E	X	C	U	S	E	S	E	B	T	O	M	B	O	K
W	R	É	H	C	A	T	T	A	Ô	E	U	U	P	D
V	A	M	P	I	R	E	S	I	H	R	B	W	C	P
R	I	O	N	X	V	T	A	Q	E	I	H	Q	D	D
Z	Y	W	T	A	T	U	R	É	P	A	R	E	R	R
V	P	E	T	I	T	S	P	E	T	I	L	C	Ô
F	E	S	M	V	Y	V	N	A	X	N	Q	H	I	L
H	H	N	J	I	B	J	O	N	G	E	A	D	T	E
P	C	I	I	T	L	M	C	A	B	M	Y	P	A	P
C	N	O	H	R	L	L	K	C	D	É	F	N	T	U
V	A	S	S	K	H	I	I	C	X	L	K	W	I	J
S	L	E	Q	G	O	L	G	O	C	É	Y	K	O	A
K	P	B	F	P	A	I	N	K	N	R	C	D	N	R

ATTACHÉ	PETITS
BESOINS	CITATION
ÉLÉMENTAIRE	LIT
PLANCHE	CONTRASTE
EXCUSES	MOT
PAIN	DRÔLE
VENIR	PAN
CANAPÉ	RIDEAU
RÉPARER	VAMPIRE
MILLION	HÔTE

Puzzle 79

```
O  D  J  E  I  D  E  N  T  I  T  É  P  T  F
M  T  G  O  C  Y  X  M  H  S  K  P  S  I  A
B  Y  O  M  B  L  O  C  E  X  G  O  Û  T  B
R  X  J  A  O  V  L  S  D  U  T  É  Q  N  R
E  H  V  Y  S  R  I  S  I  A  L  P  U  E  I
P  A  Q  P  X  T  A  I  P  F  O  U  A  D  C
J  A  I  F  U  V  W  L  U  T  J  C  L  W  A
F  I  R  A  T  T  M  A  T  N  U  C  I  B  T
K  S  É  L  Ê  M  M  E  S  A  U  O  F  I  I
J  D  A  A  E  R  U  T  A  M  Y  S  I  E  O
F  W  V  R  V  R  E  U  Q  N  A  M  E  Q  N
H  E  Z  P  J  M  O  D  È  L  E  C  R  N  D
B  C  W  Z  P  A  R  A  G  R  A  P  H  E  U
S  U  R  V  E  I  L  L  E  R  U  K  X  Z  F
```

OCCUPÉ	SURVEILLER
MATURE	IDENTITÉ
MORAL	GOÛT
BLOC	STUPIDE
EMMÊLÉS	FABRICATION
OMBRE	MODÈLE
QUALIFIER	MANQUER
PLAISIR	FAUX
TARIF	PARLER
PARAGRAPHE	DENT

Puzzle 80

```
O C Q I T Q É N R Q O R I R I
U Y O A D E T R L C B O N I L
V P M M Z T I M F H J U T B C
R N V E M N S Q E S E C E M É
E B U P K E O G M T C M R A T
G X R N J M R A M A T A N Q U
T I R É U E É C E D I R A S D
N O I V A S N Q I E F C T E I
E N B J U S É K Z A Q H I C A
G A E I E I G U O B L E O T N
R V G I S U P O E V E R N I T
A E I Y Q R C R O C U S A O E
D T X V S B A I M A N T L N I
F O R M U L E F A C I L I T É
```

SECTION	GÉNÉROSITÉ
AIMANT	FORMULE
INTERNATIONAL	BRUISSEMENT
AVION	COMMERCIAL
OUVRE	ÉTUDIANTE
ARGENT	CROCUS
TIRÉ	STADE
MARCHER	OBJECTIF
BOUGIE	FEMME
FACILITÉ	NAVET

Puzzle 81

U C S A E N L C G L O B E T P
R U R E N I B M O C I Q W P O
C O E H C U O D N M P D Q B U
H J L G V R X D O P M E G B D
E Q F N E E É T N G Z E R X R
V X I R P S H T G R J Q R D E
A Q N L Q N K C A T R O U C U
L T E R W E N P P I V M E R E
I K R U O F C A M P R D U W R
E N U C W F Y P O O A E L X N
R I S O Y O F I C M M N Z Q S
C H A I S E V E S I O E L S T
C A R I B O U R G E U E V U Z
V R A I M E N T S N R X H E V

MIEN	PRIX
AMOUR	LUEUR
COMMERCE	CHAISE
GLOBE	OFFENSER
SECRÉTAIRE	VRAIMENT
COMPAGNON	CHEVALIER
POUDRE	DOUCHE
COMBINER	PAPIER
TROU	PERDU
CARIBOU	RENIFLER

Puzzle 82

```
N N A F S R T G D A P F R U G
B G R L U I O I J J E O E L J
R T D E W S U L I P R N S E G
P É I N T I R L G L M D T I R
I R P L Q B N I Y F I S E I A
B T É O S L E E D E S I R P T
I K P C N E R U Q R S S M P U
È K T L É D E C E U I H A A I
R X F I Q D R R L G O Q N N T
E R I O P Y E E Q I N H N T E
U T X F U L A N I F P V D A M
T N A S S E R É T N I S A L E
R S E R V I C E D U A H C O N
Q P T P F P F O U R M I D N T
```

RESTER	GRATUITEMENT
PERMISSION	CHAUDE
BIÈRE	SERVICE
INTÉRESSANT	PRISE
FIGURE	TOURNER
RÉPONDRE	CLIPS
RISIBLE	FINAL
POIRE	PANTALON
PRÉCÉDENT	CUEILLI
FONDS	FOURMI

Puzzle 83

R J N Y N O U E S T N L C P E
I O A Z A P A Q B A N D E O N
L D É M D É C L A R E R N L T
F S C E B W B A G W G J I B E
P R O X D E U Q I H P A R G N
A E A U X V O I Y A W T A D D
I R T G M H M K S X D B F N U
S É Â X M E T I M I L N A O U
I P C R E E T A T L U S É R W
B O H Z G Z N T W R R N Q G C
L O E B S E E T R R E A M G B
E C Q R S V I Y T E E S E W E
Z T N E M E L L E U T I B A H
T I G G Z B C S U R P R I S V

ENTENDU	LIMITE
FARINE	DÉCLARER
SURPRIS	OCÉAN
COOPÉRER	SANS
CLIENT	BANDE
GRAPHIQUE	HABITUELLEMENT
JAMBE	TÂCHE
FRAGMENT	OUEST
ROND	SOUMETTRE
PAISIBLE	RÉSULTAT

Puzzle 84

F	I	N	V	I	T	A	T	I	O	N	P	O	R	N
L	S	I	R	F	R	É	E	L	S	O	E	A	U	H
P	N	F	N	É	E	S	O	E	N	I	B	A	C	A
M	I	J	I	D	N	Z	R	U	E	T	T	O	L	F
N	A	X	V	Y	N	R	B	N	K	I	I	K	E	M
R	X	L	Y	A	O	F	L	A	Q	S	N	A	T	T
D	H	Q	V	U	I	F	G	M	C	O	D	E	F	X
E	O	O	T	D	T	O	J	S	R	P	S	S	W	D
J	J	N	G	I	C	V	I	O	L	E	N	C	E	I
M	O	H	T	T	E	Z	N	C	J	D	P	N	D	P
A	U	J	Z	I	L	P	O	S	W	B	Q	S	O	L
Ï	E	Y	G	O	É	P	A	T	I	N	E	R	M	Ô
S	R	Z	Y	N	S	A	P	P	O	R	T	E	R	M
Y	G	R	O	S	S	I	È	R	E	S	J	C	F	É

SÉLECTIONNER	CABINE
MAÏS	FIN
DONT	AUDITION
INVITATION	POSITION
VIOLENCE	FLOTTEUR
APPORTER	GROSSIÈRES
RÉEL	FAIT
AINSI	PATINER
MANUEL	DÉFI
DIPLÔMÉ	JOUER

Puzzle 85

```
B  F  K  K  Z  C  V  P  Q  J  T  K  N  N  D
R  B  A  Z  Y  A  M  L  R  J  S  G  V  C  I
Û  I  S  I  M  E  D  E  R  V  I  O  P  F  S
L  E  O  L  S  A  C  U  S  D  R  E  G  E  P
É  N  I  O  N  A  S  R  E  N  G  A  G  M  A
A  A  N  J  O  I  N  É  N  T  I  X  I  M  R
C  Q  S  O  I  T  P  B  T  B  T  K  O  A  A
C  A  G  L  T  E  H  C  R  E  H  C  E  R  I
O  E  M  P  A  I  C  H  E  X  G  W  X  G  S
R  D  N  R  L  O  D  V  R  L  I  E  L  O  S
D  M  Q  E  U  M  O  Y  E  N  N  E  S  R  E
O  J  T  E  G  N  N  E  I  G  E  F  A  P  N
A  T  H  L  É  T  I  S  M  E  L  L  S  Q  T
S  W  G  A  R  U  E  T  A  N  I  D  R  O  U
```

FAISAN	RECHERCHE
BIEN	DISPARAISSENT
GAGNER	PLEURÉ
RÉGULATION	SOINS
PROGRAMME	MOYENNE
ORDINATEUR	NEIGE
ACCORD	ENTRER
ATHLÉTISME	POIVRE
CAS	JOLI
BRÛLÉ	SOLEIL

Puzzle 86

```
E  R  T  N  E  D  U  R  P  J  W  E  J  I  T
L  S  U  D  T  H  I  E  N  D  S  N  A  N  A
Ê  Y  X  N  N  X  K  G  K  Y  U  N  U  T  B
R  A  P  P  E  L  L  E  É  R  K  U  G  E  L
G  P  Q  M  D  P  S  U  V  R  M  Y  M  L  I
T  T  R  K  I  F  E  Q  H  X  E  É  E  L  E
S  X  C  M  S  S  V  I  G  N  U  R  N  I  R
V  E  U  S  É  V  I  T  N  K  C  S  T  G  C
F  J  K  P  R  O  T  I  O  D  L  G  E  E  H
É  T  O  I  L  E  C  L  I  A  R  F  R  N  A
C  O  U  R  T  L  E  O  T  O  K  E  P  T  N
B  L  X  Z  F  L  R  P  P  U  N  I  T  É  T
G  A  A  K  L  A  I  R  O  D  K  Z  V  F  V
T  A  B  R  B  S  D  S  A  G  E  S  S  E  M
```

POLITIQUE	COURT
INTELLIGENT	PEINDRE
DIRECTIVES	PAYS
AUGMENTER	DIGÉRER
RAPPELLE	SAGESSE
TABLIER	GRÊLE
OPTION	CHANT
SALLE	ENNUYÉ
ÉTOILE	RÉSIDENT
UNITÉ	PRUDENT

Puzzle 87

```
N O I S I V I D P V U Y Q Y U
M A G A S I N E L I E C Y N M
P L E U R E R N A M M R M O H
H A R I C O T T S A H E S Y D
P U T O I S D I T G B F U E U
B A L A D E É F I I E E H M R
A C O T D O S R Q N S D D T W
H V E X P Q O I U E S S A L C
J I K A V C L C E R A G E N T
C H O S E G É E D Q T M E N K
D É M O C R A T I Q U E W Q X
Q H X O K A P O U S S I È R E
Z J K T R O U V E R I S Q G L
H E U R E U S E M E N T D A N
```

CHOSE	DENTIFRICE
DIVISION	FER
PUTOIS	PLEURER
CLASSE	MAGASIN
HEUREUSEMENT	TROUVER
DÉSOLÉ	DÉMOCRATIQUE
IMAGINER	POUSSIÈRE
AGENT	BALADE
VERSER	PLASTIQUE
TASSE	HARICOT

Puzzle 88

```
N O I T I S O P X E M M O P T
O Z B P L A N È T E S E R C N
I A A S A U T O M A T I Q U E
M R O I E D É S O R D R E A L
A M H S S R G M S B A D K C F
C É P S È P V C L U B P R I F
M E U A H A H E P C E W I E U
S A O P T Y W É R X P X Y R O
U E C R U E T A R É M U N E S
S G S H T R O P S I J A C S D
A V U F I H F M B R S E Z F Q
F B X D V N Z N K R J S Q O Y
W V K D W G E O C M C I O I C
I N V I S I B L E D L O I N D
```

SPORT
INVISIBLE
SOUFFLENT
PAYER
OBSERVER
EXPOSITION
POMME
THÈSE
HÉRISSON
ARMÉE

PLANÈTES
MACHINE
ACIER
CAMION
CLUB
DÉSORDRE
OISEAUX
NUMÉRATEUR
AUTOMATIQUE
ASSIS

Puzzle 89

```
V W U S M E I L L E U R P A P
L A M M É J I A B X C S S R R
J Â C T T R R O V K C W D È O
H F C H H T I G G O G E Î N P
G E Y H E F L E S I R C N E R
F Q G R E I R V U O I I E C I
E N Q U Ê T E P T X N N R O É
S K B S N S I E E G E T Z M T
Z B C P A J P N R I T É C P A
N G O O I S M S R D N R H L I
C L U T W O O É E U I I E I R
D H N A H D P E Z A A E V Q E
A C H E T E R D U N M U A U A
C O M M U N I Q U E R R L É U
```

DÎNER	VACHE
COMPLIQUÉ	INTÉRIEUR
PENSÉE	CRISE
LÂCHE	MAL
ENQUÊTE	PROPRIÉTAIRE
ARÈNE	CHEVAL
MAINTENIR	COMMUNIQUER
MEILLEUR	POMPIER
TERRE	SÉRIEUX
OUVRIER	ACHETER

Puzzle 90

```
E  X  C  E  P  T  I  O  N  N  E  L  S  L  N
C  C  C  E  R  U  D  É  C  O  R  P  E  V  E
A  R  B  R  X  B  X  E  F  B  Ç  D  L  I  J
M  C  U  O  H  C  T  U  O  A  C  R  B  T  T
P  T  B  K  W  X  A  Q  N  O  G  S  A  E  Y
A  P  I  M  O  É  T  I  L  A  É  R  S  G  I
G  E  C  O  M  P  O  R  T  E  M  E  N  T  D
N  S  X  T  R  L  I  T  Ô  N  L  O  O  N  E
O  P  P  R  Q  T  G  C  T  L  O  K  P  A  N
L  Q  G  F  H  J  É  E  N  D  L  S  S  L  T
V  E  N  D  E  N  T  L  E  U  J  E  E  L  I
S  O  U  T  I  E  N  É  I  R  F  G  R  I  Q
S  X  Z  W  J  G  E  L  B  U  O  D  E  R  U
B  O  U  T  E  I  L  L  E  N  T  E  Q  B  E
```

RÉALITÉ	IDENTIQUE
BOUTEILLE	CAMPAGNOL
SOUTIEN	VENDENT
CAOUTCHOUC	DOUBLE
EXCEPTIONNEL	RESPONSABLE
VITE	SEPT
COMPORTEMENT	ÉTROIT
BIENTÔT	GARÇON
ÉLECTRIQUE	BRILLANT
PROCÉDURE	SONT

Puzzle 91

```
R  C  C  S  S  B  U  T  N  P  S  J  S  P  L
B  E  R  È  G  A  T  É  O  T  M  C  A  W  I
Y  J  D  A  G  A  U  G  I  B  O  I  R  E  B
C  A  O  B  M  J  A  V  T  T  Q  L  Z  E  É
U  T  I  L  I  S  E  R  A  P  I  L  X  K  R
S  V  A  C  A  N  C  E  S  G  D  J  H  V  A
I  U  U  J  U  E  P  I  R  A  E  L  B  A  T
U  W  J  W  T  N  I  U  E  V  R  J  U  S  I
P  D  J  E  J  V  E  L  V  O  D  D  Z  Q  O
W  L  C  M  T  O  R  P  N  C  N  Z  U  F  N
O  G  O  Z  R  Y  R  A  O  A  E  W  K  H  M
Y  K  L  M  B  E  E  R  C  T  V  Z  U  T  K
F  X  H  E  B  R  R  A  V  I  O  L  E  T  H
É  P  O  U  S  E  I  P  O  F  F  R  I  R  A
```

PLOMB	JUS
BOIRE	LIBÉRATION
VENDREDI	OFFRIR
ENVOYER	PUIS
ÉPOUSE	ÉTAGÈRE
TABLE	UTILISER
PARAPLUIE	PIERRE
VIOLET	VACANCES
SUJET	SAUVAGE
AVOCAT	CONVERSATION

Puzzle 92

```
C V D K N U E P P O L E V N E
E H S T Y L E Z P R Y Q A O L
A X A Y L O P É O G V U V I I
M I A U M O J R S A H O E S C
U N D M S R F O I N D T R I É
Y M L E E S X E T I É I T C B
K F F V R N U F I S C E I É M
T H É I È R E R F E H N S R I
P O J Z Z R I S E R I T S P W
C C M M M W X M A S R P E N P
C H A K A G N C Z I U J M R G
M E T T R E A A C A R P E S C
L E C T U R E F G R E Y N A M
M I E T T E S É N F N W T Q K
```

POSITIF	QUOTIENT
LECTURE	CAFÉ
ORGANISER	EXAMEN
STYLE	FRAIS
ANXIEUX	CHAUSSURES
AIDER	THÉIÈRE
PRÉCISION	ENVELOPPE
METTRE	MIETTES
AVERTISSEMENT	ZÉRO
IMBÉCILE	DÉCHIRURE

Puzzle 93

```
U O S Q N S S P M E T N I R P
C N È X E W E N O S I P A T J
S L C R E R É D I S N O C P C
R A C Q W K N G R E L É V É R
S É U R A I S O N N B M Q O L
R A S T N E T P E C C A C S V
É Y V E E P P F R E P I X W T
C Z K O R R S I N G E O N Z E
R G C U N V E G O M M A G E R
É Y E M Ê M E L L E X G V A U
A O W P E Z O A L W S G Q D O
T A I G U I L L E E B M R I B
I E X P É D I T I O N P R R A
F P R O B A B L E M E N T E T
```

TABOURET	ESSENCE
ELLE-MÊME	CONSIDÉRER
DIRE	RÉSERVE
ONZE	PRINTEMPS
RÉCRÉATIF	SAUTERELLE
SUCCÈS	GOMMAGE
AIGUILLE	RÉVÉLER
PROBABLEMENT	ACCEPTENT
SAVON	EXPÉDITION
TAPIS	SINGE

Puzzle 94

```
E C A N E M P O R T E R L É F
U S O S U B S T A N C E Q P Y
Q P D M C U V A E G A S S E M
È É I D M E N È C S W R R L G
H C R I N U F L E U R S E L U
T I E H T Q N I O L H N I A G
O F C A Z I H A T I R I L T J
I I T B T F M É U I E S U I I
L Q I I É I A C R T D I C O Y
B U O T T N X Z J O É A I N H
I E N U I G Y W D E N R T C Q
B R S D C A K A N G O U R O U
Y T S E X M C E P E N D A N T
C O U V E R T U R E M Z P T F
```

SCÈNE	PARTICULIER
MAGNIFIQUE	COMMUNAUTÉ
CEPENDANT	SPÉCIFIQUE
HÉRON	EXCITÉ
MESSAGE	RAISINS
MENACE	BIBLIOTHÈQUE
PORTER	SUBSTANCE
HABITUDE	KANGOUROU
FLEURS	DIRECTIONS
COUVERTURE	ÉPELLATION

Puzzle 95

```
H  Q  S  F  R  E  C  O  M  M  A  N  D  E  R
F  X  N  A  I  R  R  É  G  U  L  I  È  R  E
P  M  I  U  W  O  D  P  G  L  U  N  D  I  Y
P  C  E  N  A  D  N  E  P  É  D  N  I  R
P  L  O  O  D  É  V  E  L  O  P  P  E  R  H
T  L  U  N  V  M  E  Y  S  T  T  N  Z  V  T
A  E  U  S  S  R  N  Z  C  O  C  H  O  N  R
D  T  P  V  I  Z  É  C  L  A  T  E  R  S  I
I  V  M  F  I  E  S  C  A  R  A  B  É  E  A
D  N  A  U  Q  E  U  Y  L  V  É  T  M  S  N
N  S  H  R  Y  C  U  R  M  S  V  I  W  A  G
A  P  C  V  L  D  S  X  S  A  I  M  D  Z  L
C  O  N  C  O  M  B  R  E  P  R  R  Q  F  E
M  O  U  S  T  I  Q  U  E  B  P  O  N  E  Y
```

QUAND	SCARABÉE
CONCOMBRE	PLUSIEURS
MOUSTIQUE	ÉCLATER
COCHON	DÉVELOPPER
PLUVIEUX	PRIVÉ
TRIANGLE	CANDIDAT
FAUCON	TEL
PONEY	LUNDI
IRRÉGULIÈRE	CHAMP
INDÉPENDANCE	RECOMMANDER

Puzzle 96

```
B F M L P F D I R G U V É M C
A O A J O G I U L U O V T S H
X L I N R J R A O E L I I W Â
W E E S T N A F N E A O S W T
T O E R E V È L É M K D R H A
O P Q D T G L V M Ê D P E N I
H F S E E T M Z H M C V R G
D O M I N A N T R T B D I I N
O I G N O N H D S I O P N C E
P R É S I D E N T M K A U G S
H Q C S S C U H Y B W N L V U
E U X M Ê M E S P R I R É P Q
T A X I L J R U N E T N O C Z
C O M E S T I B L E C F X F X
```

ALERTE	PORTE
VOULU	CHÂTAIGNES
CONTENU	POIS
TIMBRE	OIGNON
COMESTIBLE	DOMINANT
TAXI	ENFANT
EUX-MÊMES	UNIVERSITÉ
BOIS	PÉRIR
PRÉSIDENT	LEADER
THÈME	ÉLÈVE

Puzzle 97

```
D R A G E R O B W Q F K T I G
J A H R O R N N P D É E E M E
D T N I F N E C M B T A C P L
L C P G T I G R E A O P H R É
C W E K E D É J À L I P N E E
B I B X M R E E L C L A O S T
W L R H I I E T E O E R L S T
J Y A C R U F U I N S E O I O
X U E I U K C H S M I N G O R
Q C F M R L Y C S E N C I N A
R O S É E E A B U I M E E N C
C O U P E Q A I É N Q E M E L
A M U J L C F U R S K F N R D
W E E K E N D R I E Y F Z T X
```

CIRCULAIRE	DANGEREUSEMENT
GELÉE	ROSÉE
CHUTE	REGARD
IMPRESSIONNER	BALCON
COUPE	APPARENCE
ÉTOILES	ENFIN
WEEK-END	DÉJÀ
RIME	TIGRE
RÉUSSIE	TECHNOLOGIE
CAROTTE	BLAIREAU

Puzzle 98

```
A R E B L M F M P U C V L A M
M B K Q K É O I A V M E Q C O
B T Ê T E L A Q N R W R Q T N
I A A W C A T J R I D T X I T
T C B B N N A V Y U R I Z O R
I C P X A G L E X O E I L N É
O O R V M E P E I N T U R E S
N M O E R I A S R E V D A Q G
F P B F O R È G N E W X Z S L
A L L N F M B A R K Q C H W J
I I È E R I A S S E C É N J K
B R M U E U Q S E T N A G I G
L U E K P N O T D R B M M M S
E F G K E T W Y P J X P W K Q
```

MÉLANGE	PERFORMANCE
VERT	PROBLÈME
TÊTE	VAN
NÉCESSAIRE	FINIR
ACCOMPLIR	MARDI
GIGANTESQUE	ACTION
PEINTURES	FAIBLE
RÈGNE	MONTRÉ
PLAT	ADVERSAIRE
AMBITION	OEIL

Puzzle 99

```
G I N A K H P S O C U U Y A U
L N U G G R A T C E N J R N Y
I G D D X E R E M M O N X A X
S R I V O R E G N A R T É L C
S É S T S X N U U T I L E Y P
E D C Q V L T E J U P O R S I
M I U A D C S C O L O R É E R
E E S P P O P U L A T I O N E
N N S B R É V A L U A T I O N
T T I K I É E M L A C M C V I
Z U O F M B S M D Z O M P F M
V E N Z Â W F E Z E U D I P E
X M U C L S E G N A R T É G H
C T B V E I M O M T S N M C C
```

DISCUSSION	ANALYSE
COLORÉ	NOMMER
UTILE	ÉTRANGES
MOMIE	ÉTRANGER
CHEMIN	CALME
COURS	NECTAR
PRÉSENT	PARENTS
ÉVALUATION	MÂLE
POPULATION	GLISSEMENT
PIRE	INGRÉDIENT

Puzzle 100

```
E  N  S  E  I  G  N  E  R  J  R  W  R  R  M
D  R  A  M  A  T  I  Q  U  E  J  X  E  E  U
D  T  R  E  N  I  B  O  B  M  E  R  S  P  S
H  O  B  X  U  É  R  É  F  É  R  P  P  O  A
C  H  A  U  S  S  E  T  T  E  I  Y  O  R  R
C  M  A  E  E  I  R  U  D  N  A  G  N  T  A
C  Y  D  R  N  N  U  A  Z  I  M  J  S  E  I
T  B  Z  B  I  U  L  S  T  Z  I  V  A  R  G
L  G  Y  M  M  T  C  E  R  A  R  R  B  E  N
T  S  B  O  A  I  N  W  H  G  P  È  I  S  E
R  Z  V  N  T  L  I  W  P  A  W  G  L  N  D
W  G  B  N  I  E  K  X  T  M  M  L  I  E  R
Y  G  E  Q  V  P  H  R  A  S  E  E  T  P  A
X  U  C  H  A  S  S  E  K  E  I  H  É  A  Q
```

REPORTER	PRÉFÉRÉ
INUTILE	SAUTÉ
DRAMATIQUE	MUSARAIGNE
PENSER	VITAMINES
INCLURE	RÈGLE
PRIMAIRE	CHAUSSETTE
RESPONSABILITÉ	CHASSE
RARE	REMBOBINER
MAGAZINE	NOMBREUX
PHRASE	ENSEIGNER

Puzzle 1

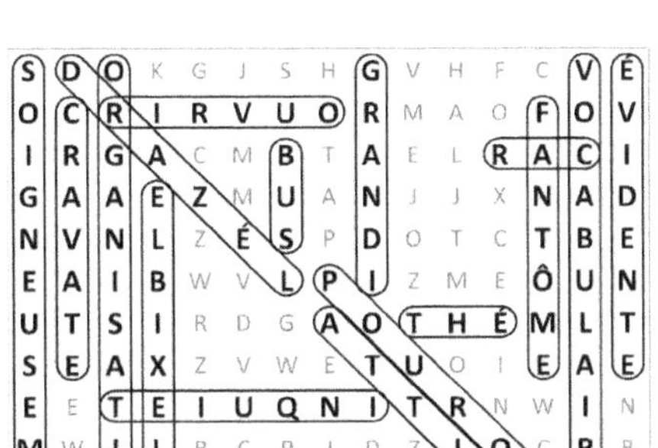

Puzzle 2

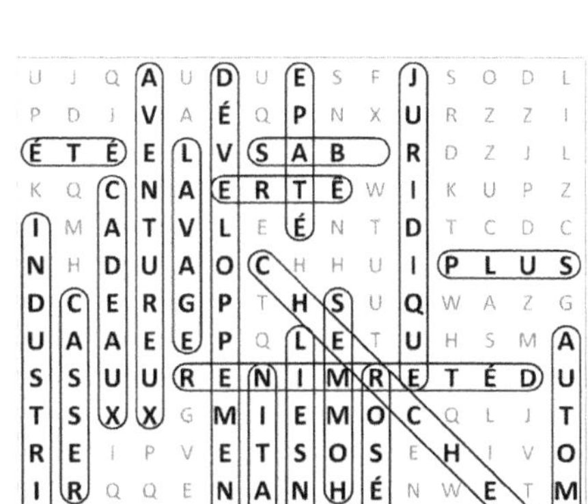

Puzzle 3

Puzzle 4

Puzzle 5

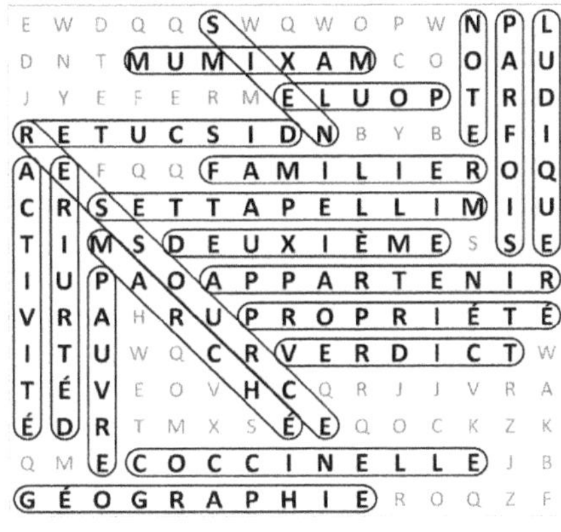

Puzzle 6

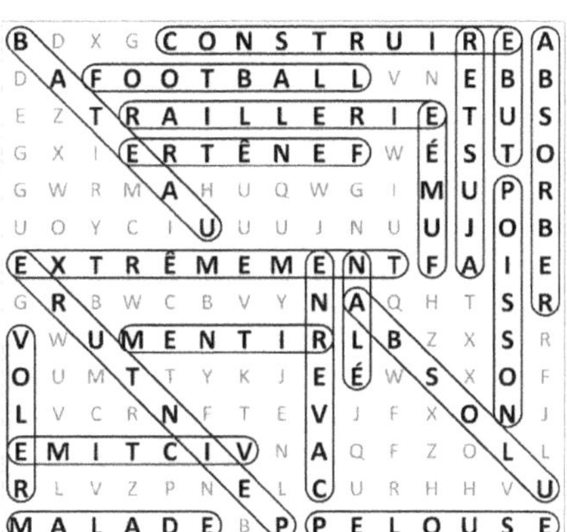

Puzzle 7

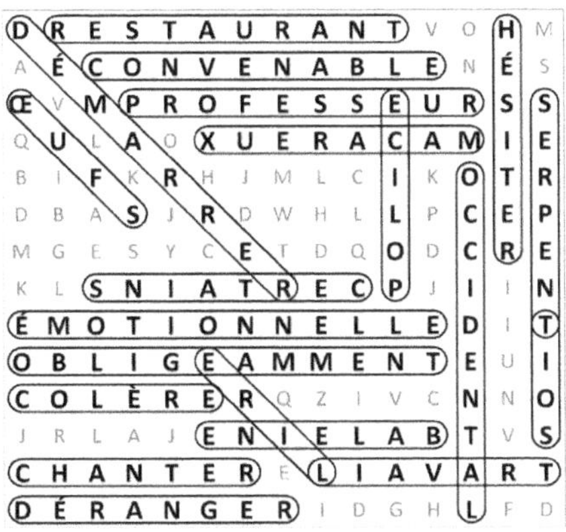

Puzzle 8

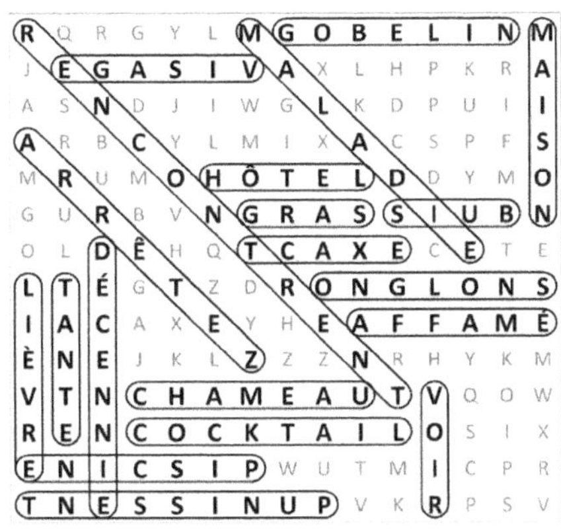

Puzzle 9

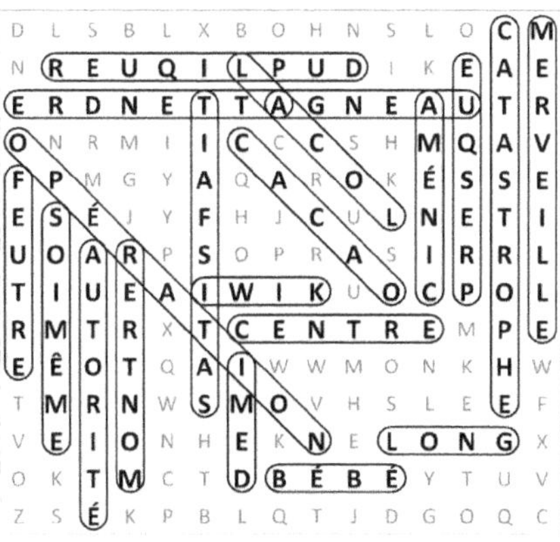

Puzzle 10

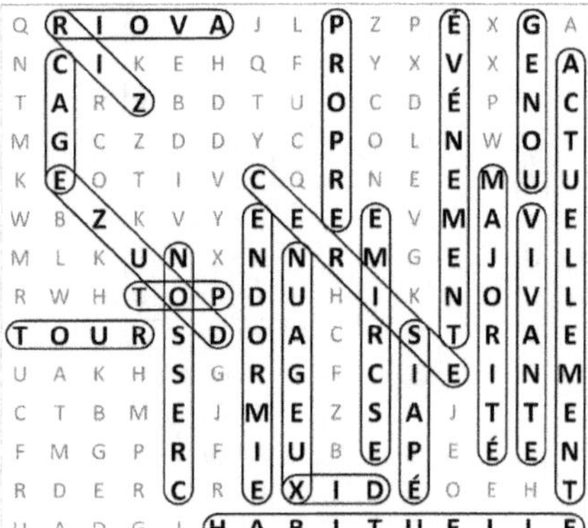

Puzzle 11

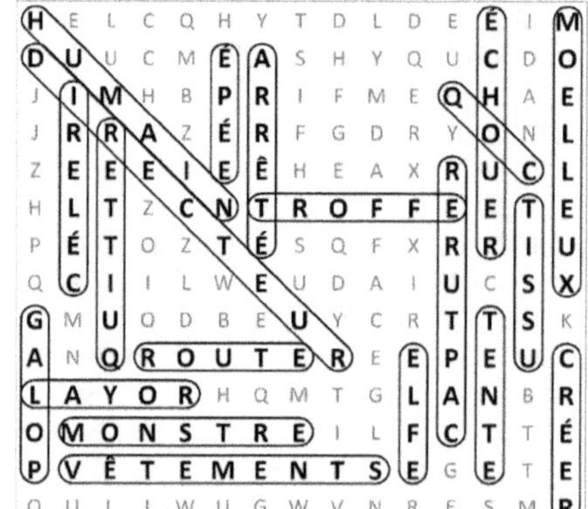

Puzzle 12

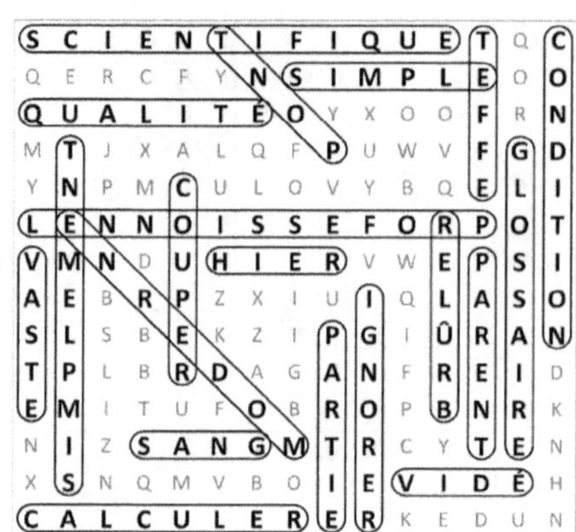

Puzzle 13

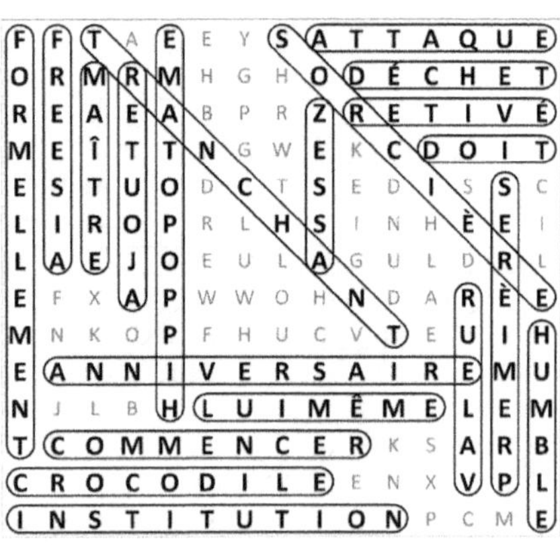

Puzzle 14

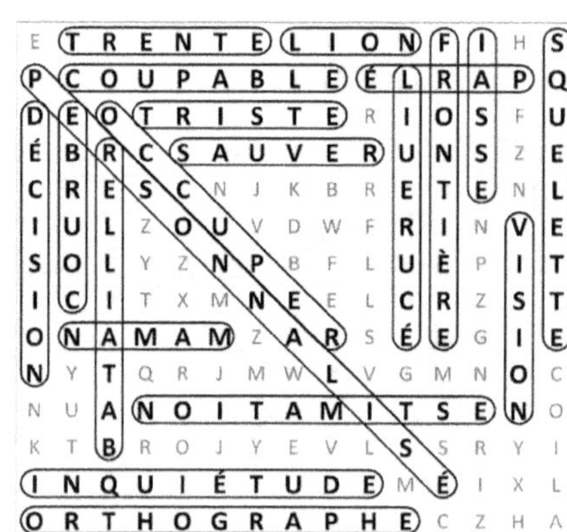

Puzzle 15

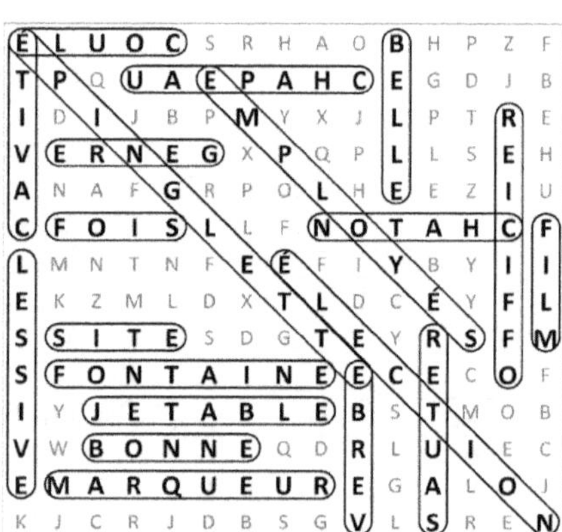

Puzzle 16

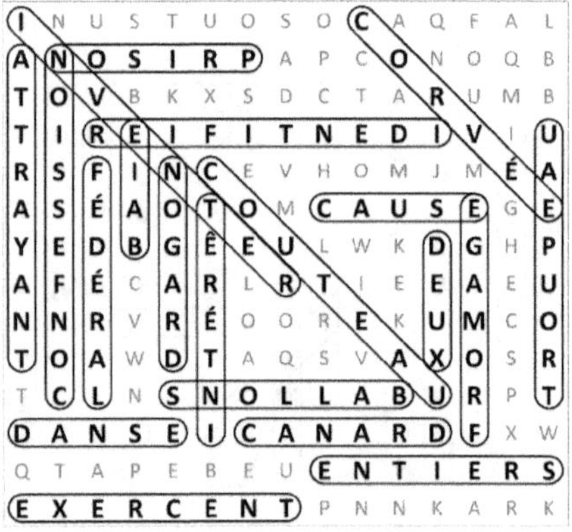

Puzzle 17

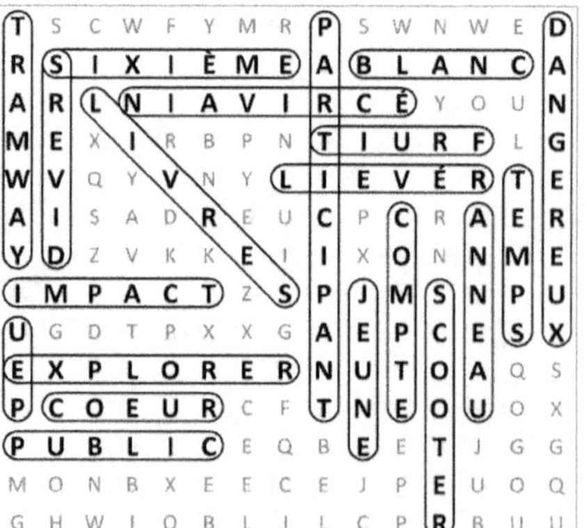

Puzzle 18

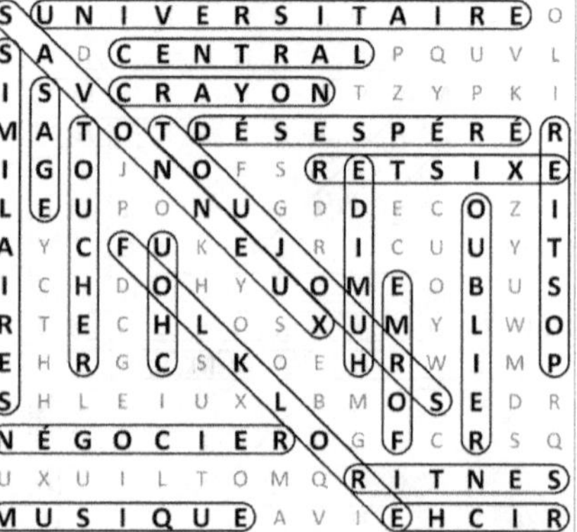

Puzzle 19

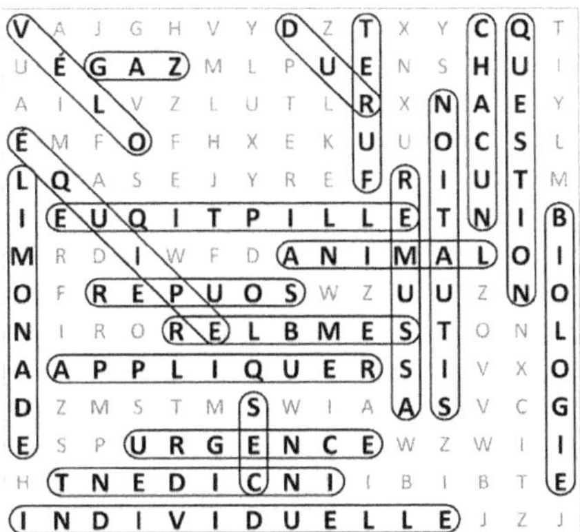

Puzzle 20

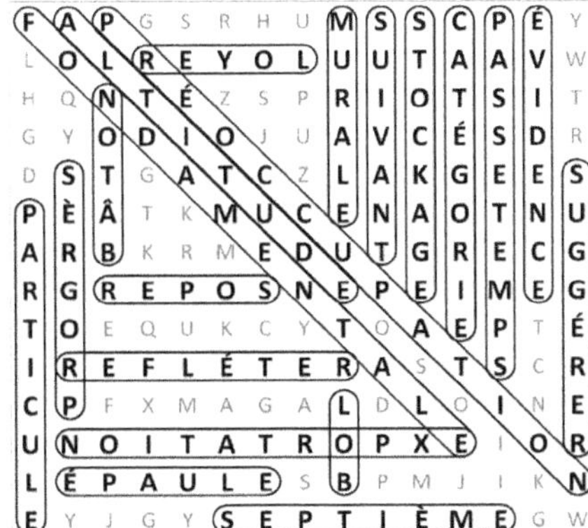

Puzzle 21

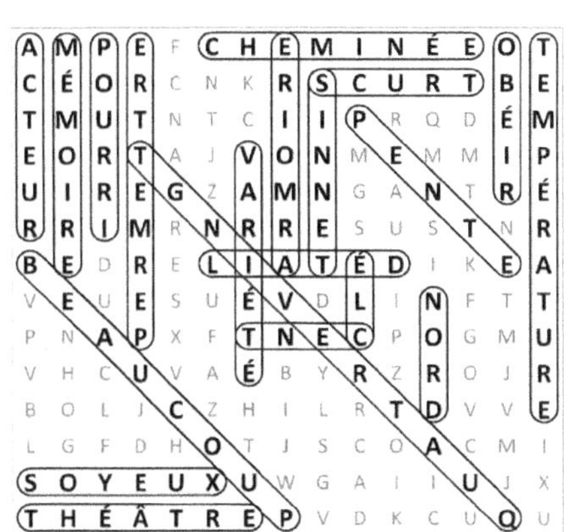

Puzzle 22

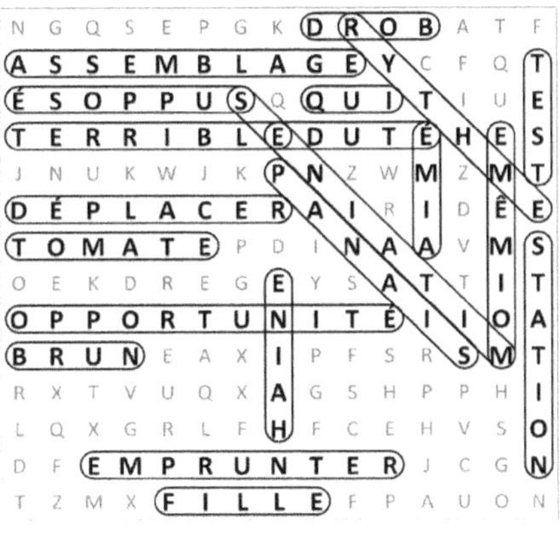

Puzzle 23

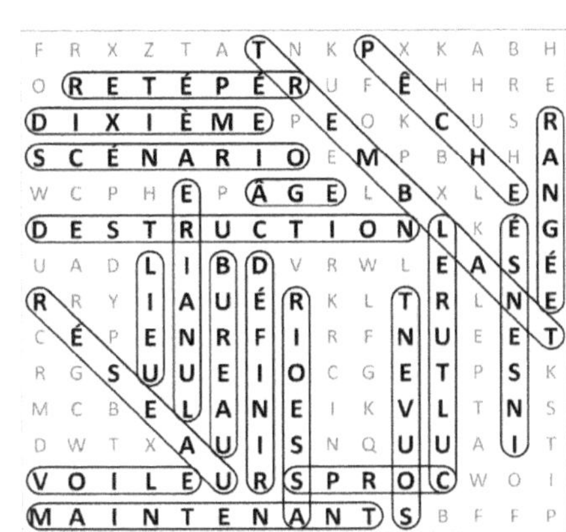

Puzzle 24

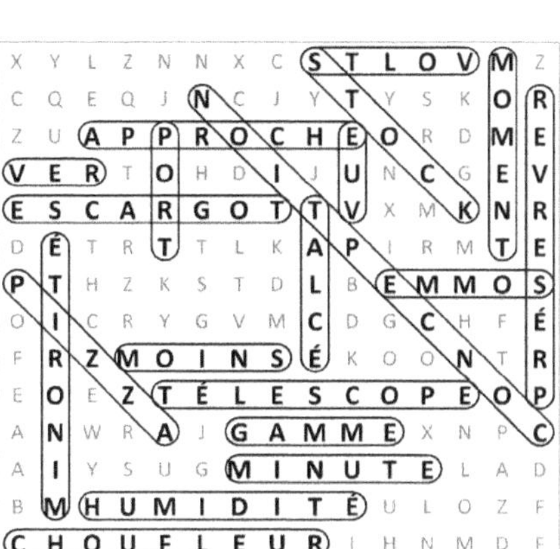

Puzzle 25

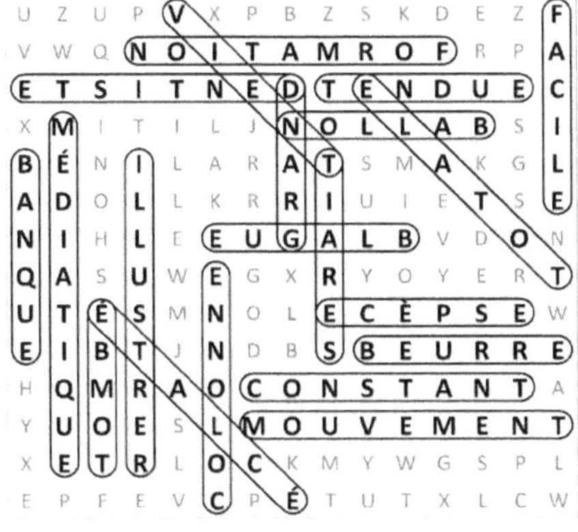

Puzzle 26

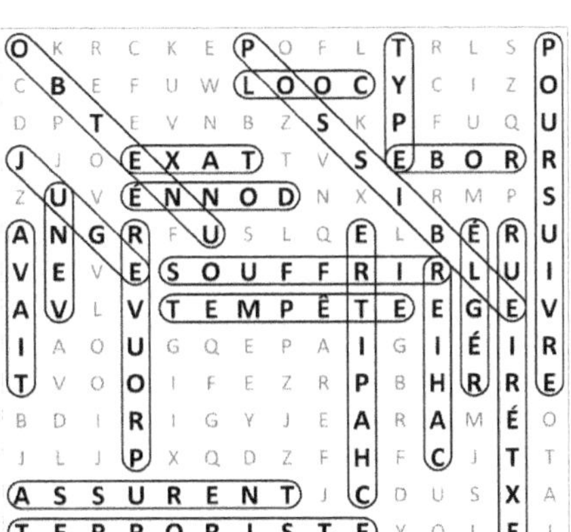

Puzzle 27

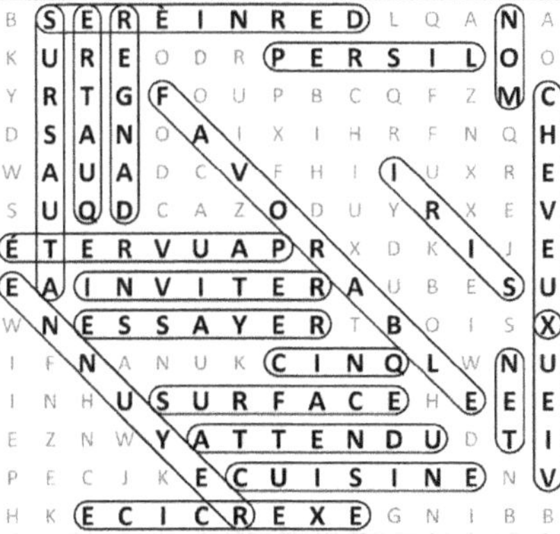

Puzzle 28

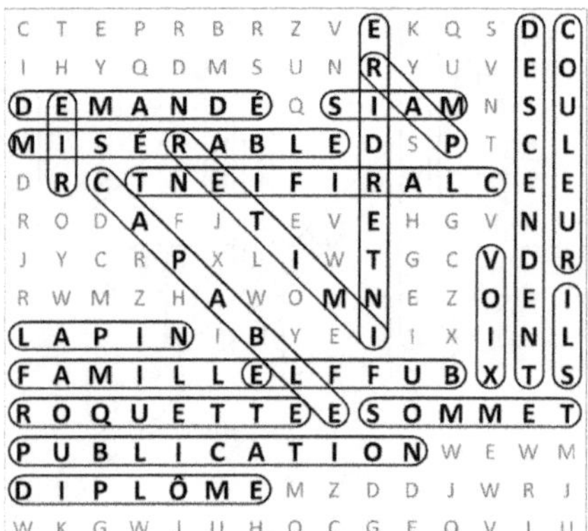

Puzzle 29

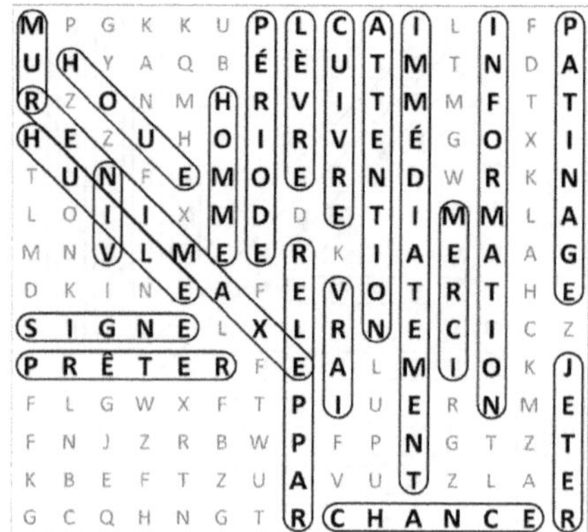

Puzzle 30

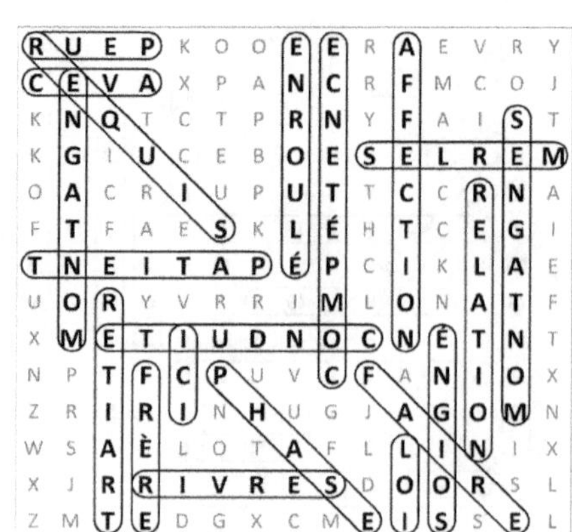

Puzzle 31

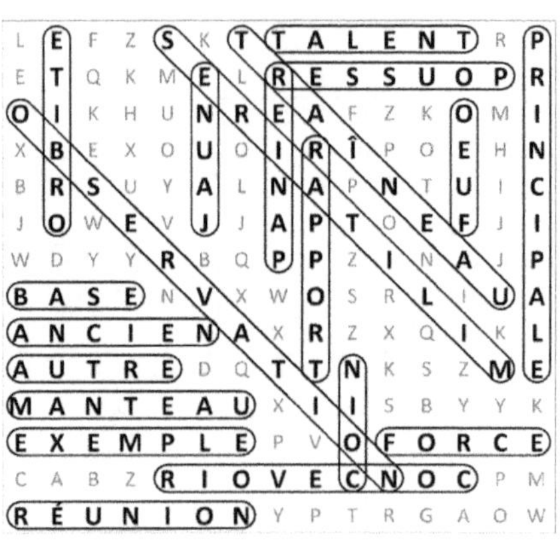

Puzzle 32

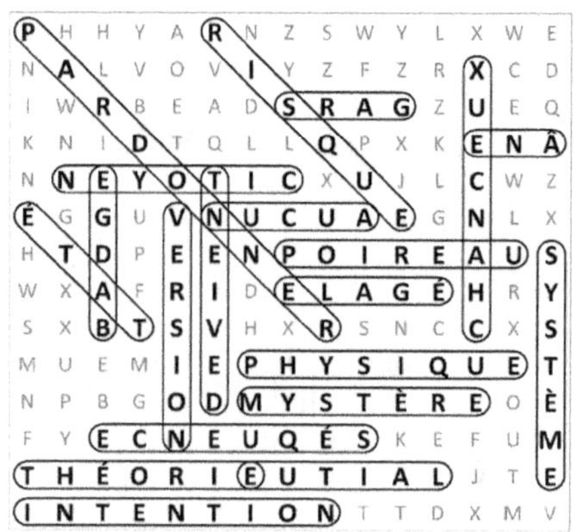

Puzzle 33

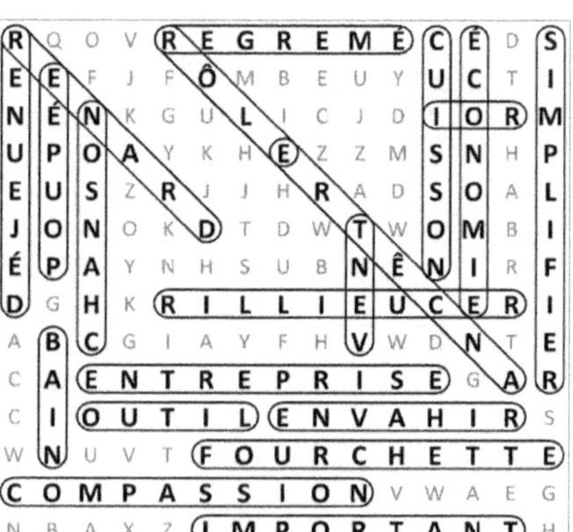

Puzzle 34

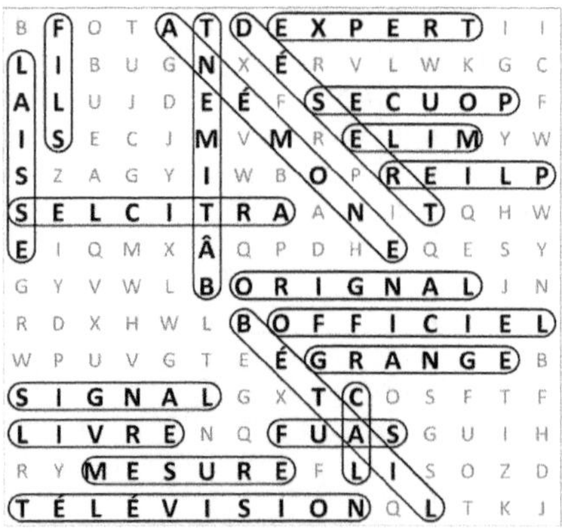

Puzzle 35

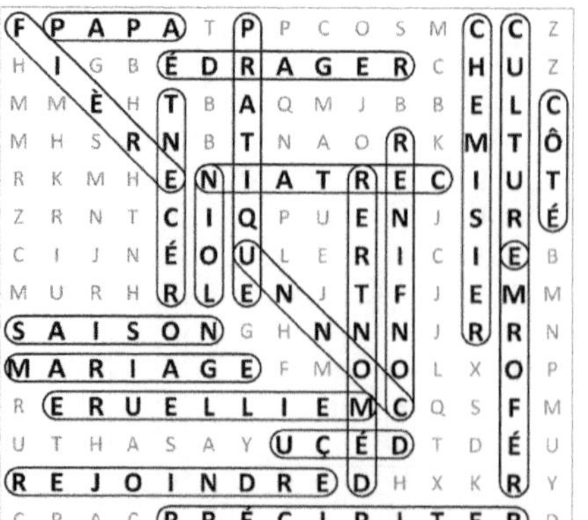

Puzzle 36

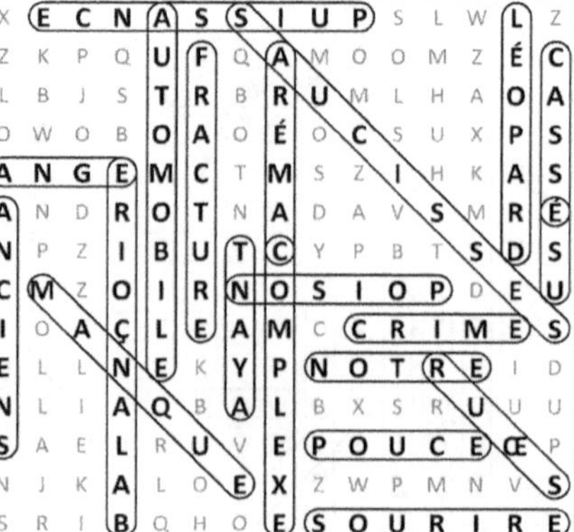

Puzzle 37

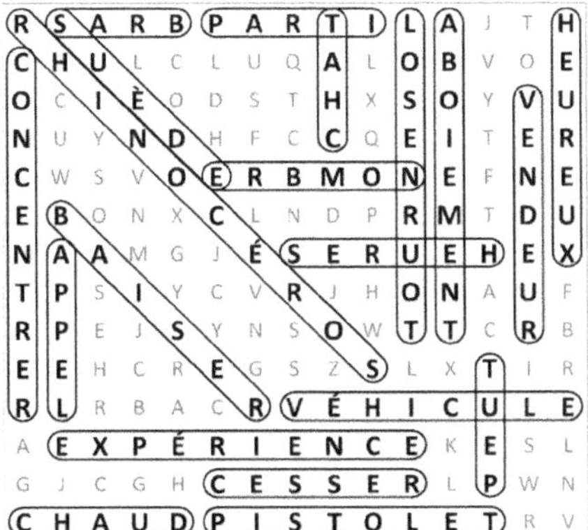

Puzzle 38

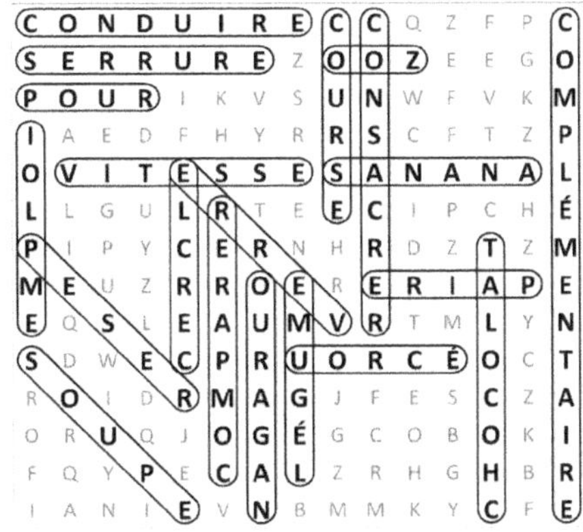

Puzzle 39

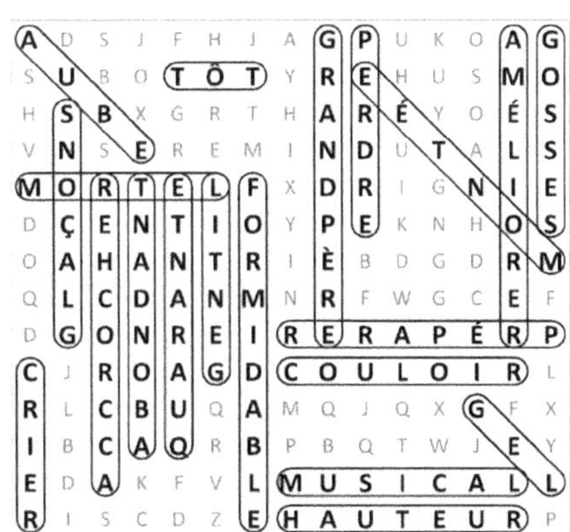

Puzzle 40

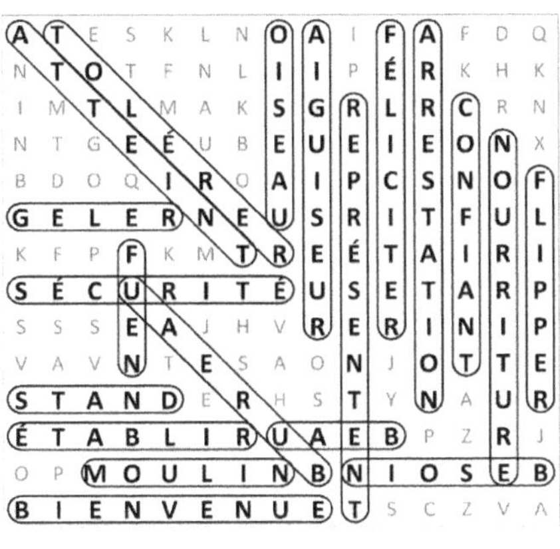

Puzzle 41

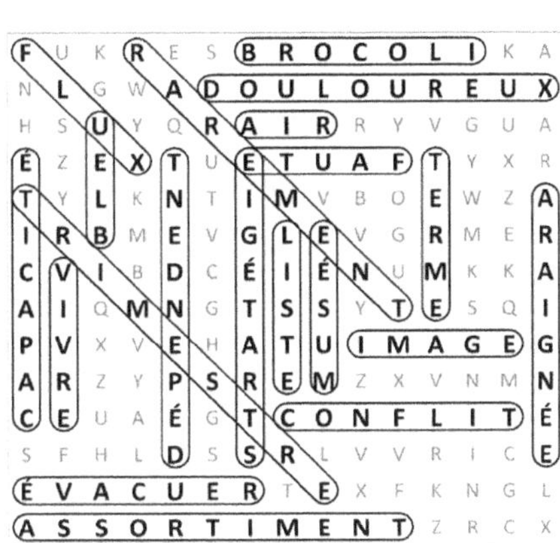

Puzzle 42

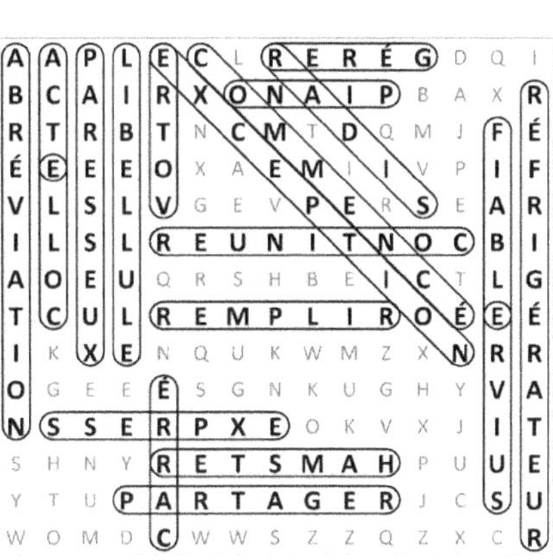

Puzzle 43

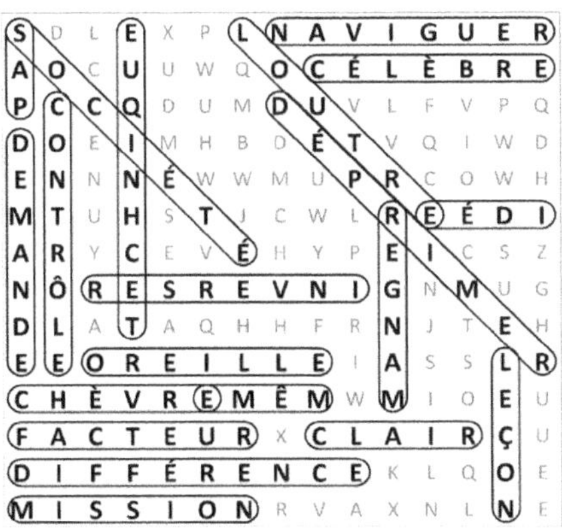

Puzzle 44

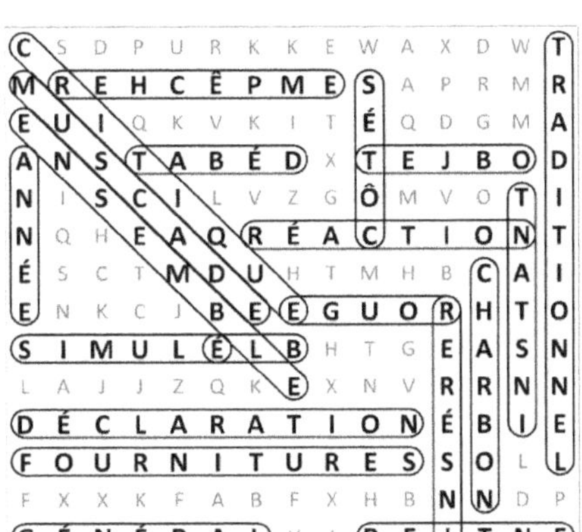

Puzzle 45

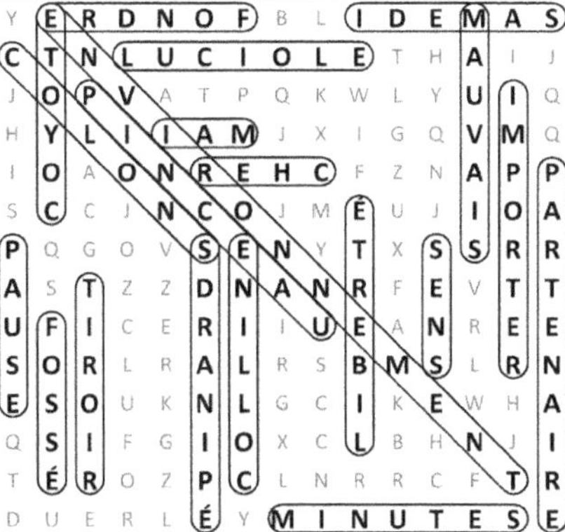

Puzzle 46

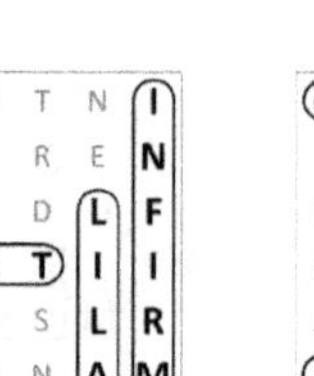

Puzzle 47

Puzzle 48

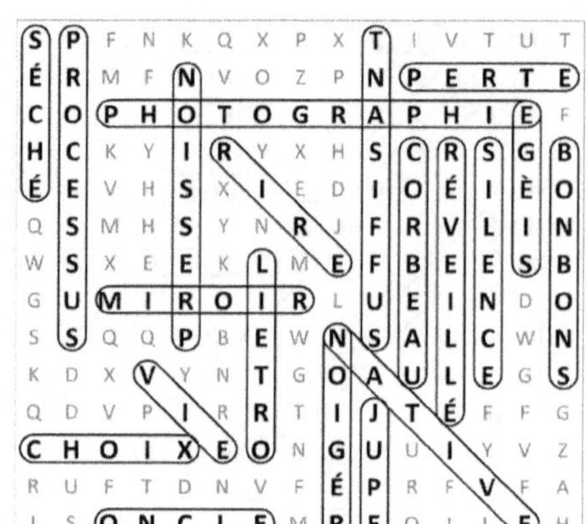

Puzzle 49

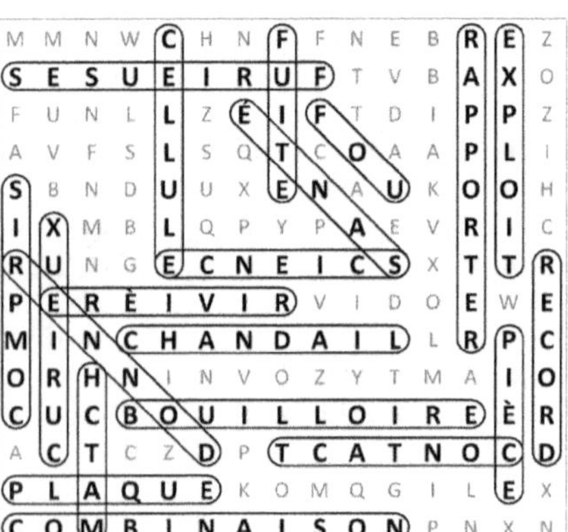

Puzzle 50

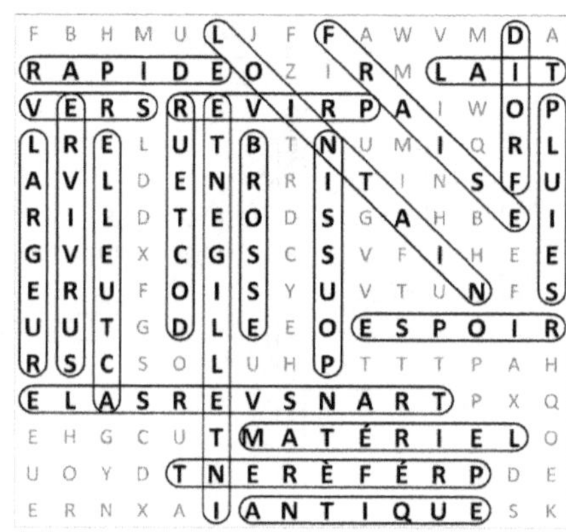

Puzzle 51

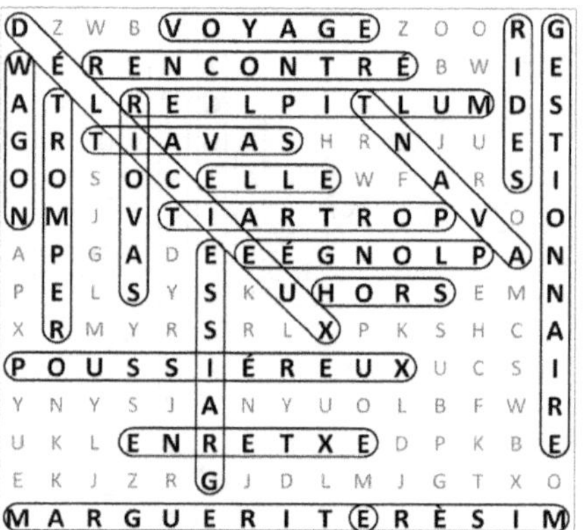

Puzzle 52

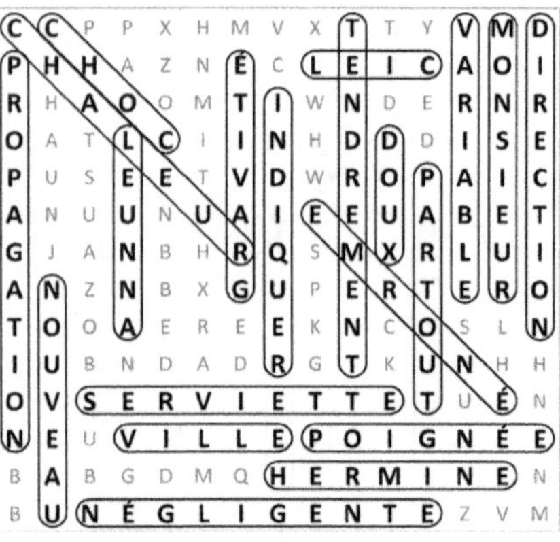

Puzzle 53

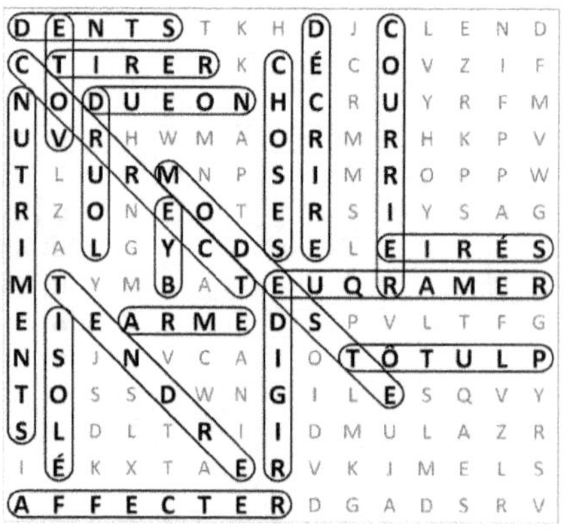

Puzzle 54

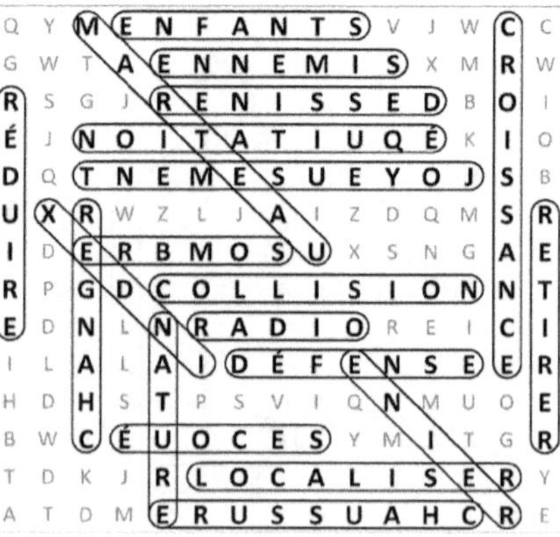

Puzzle 55

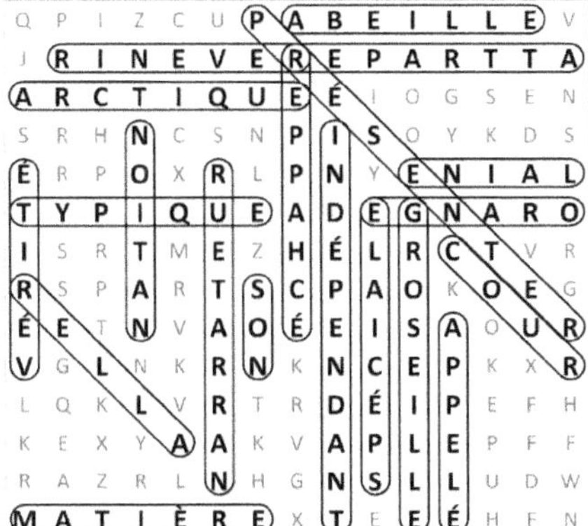

Puzzle 56

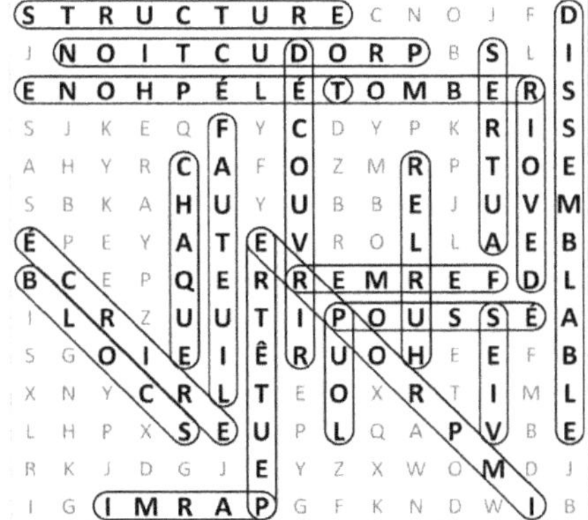

Puzzle 57

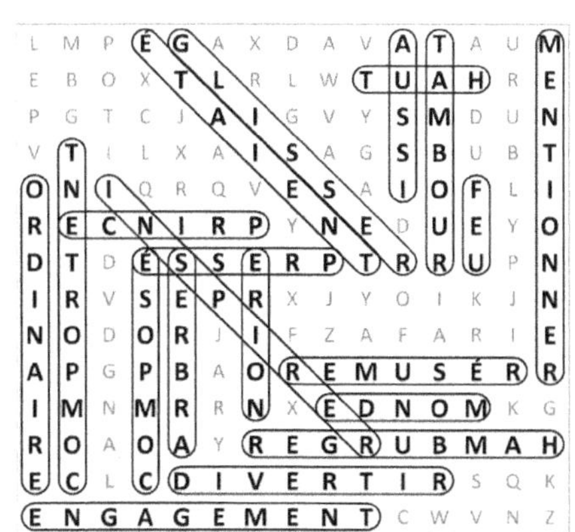

Puzzle 58

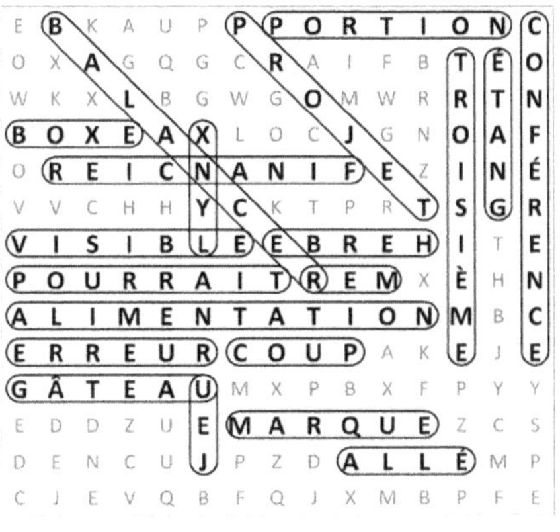

Puzzle 59

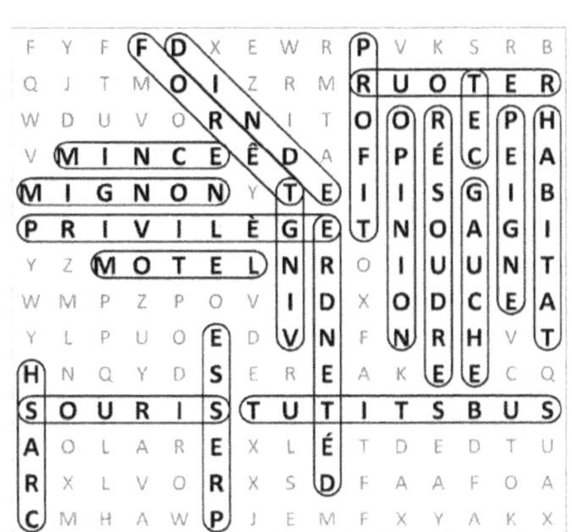

Puzzle 60

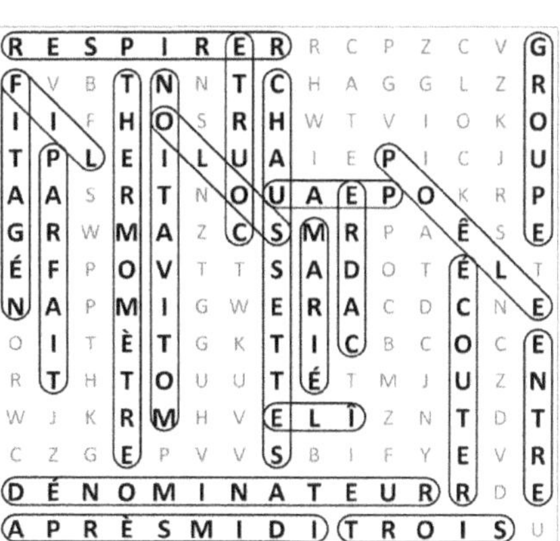

Puzzle 61

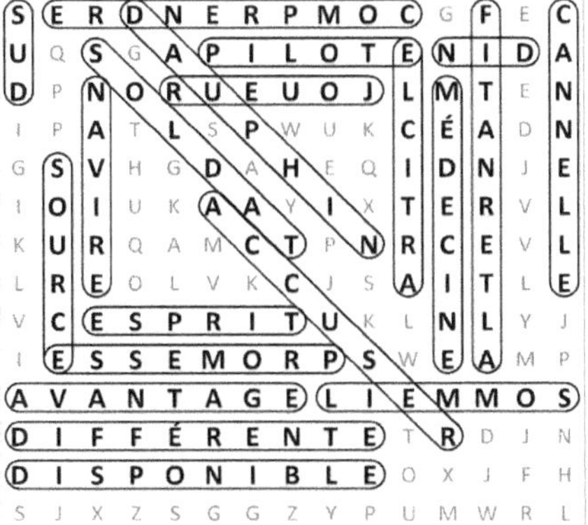

Puzzle 62

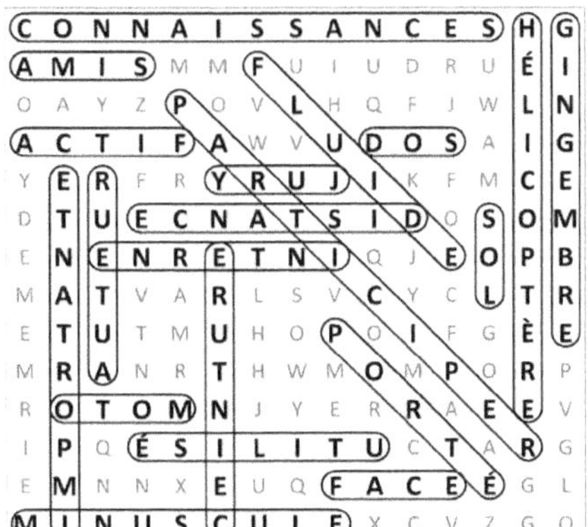

Puzzle 63

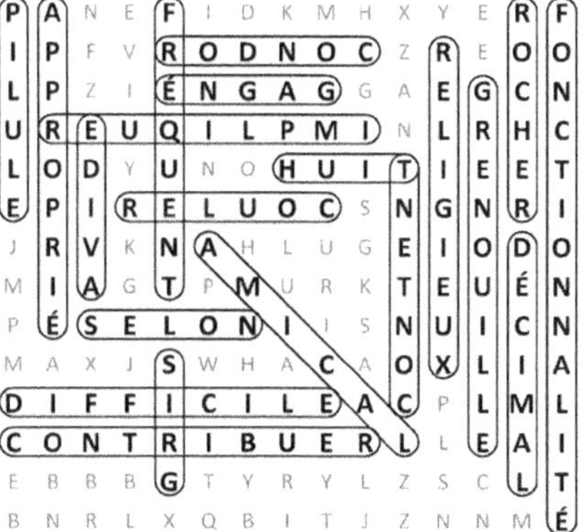

Puzzle 64

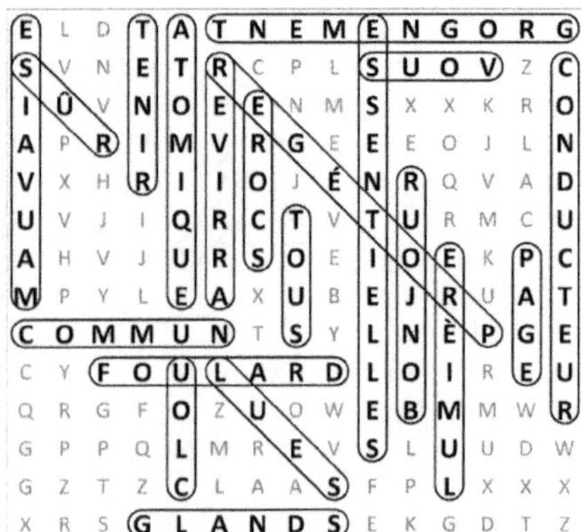

Puzzle 65

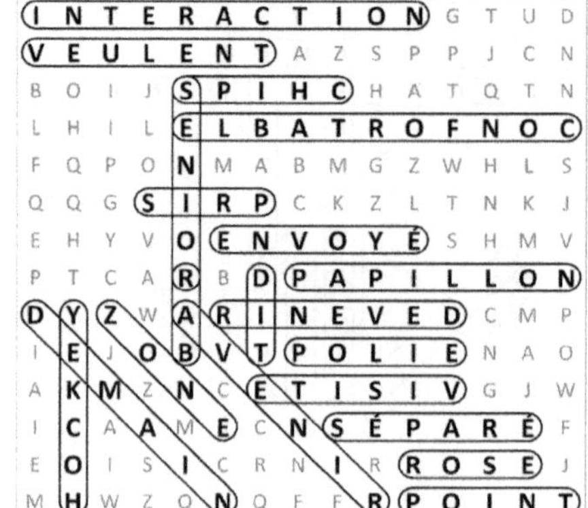

Puzzle 66

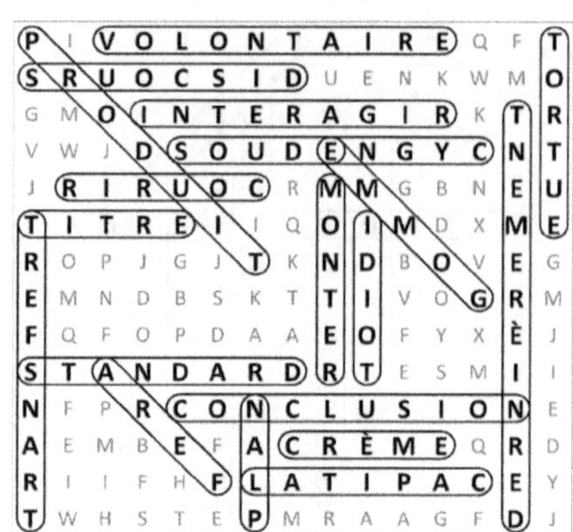

Puzzle 67

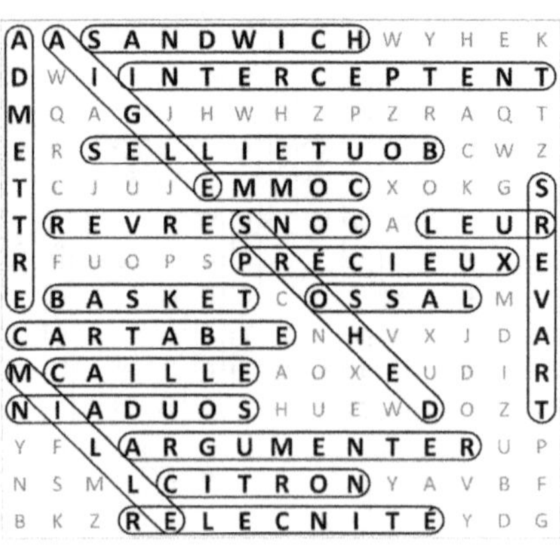

Puzzle 68

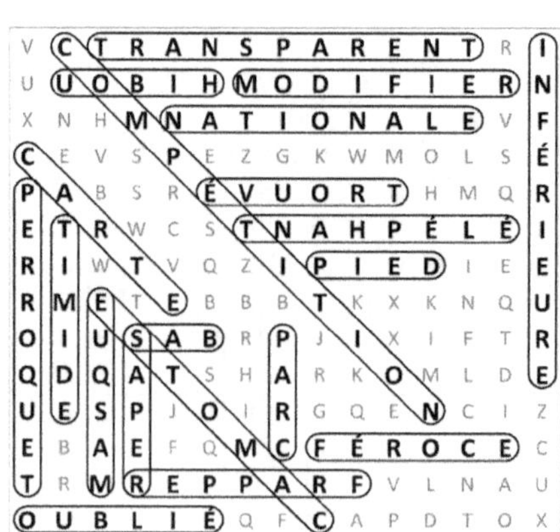

Puzzle 69

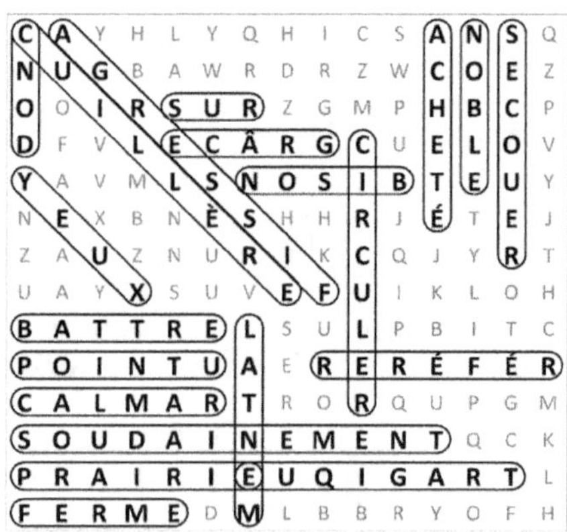

Puzzle 70

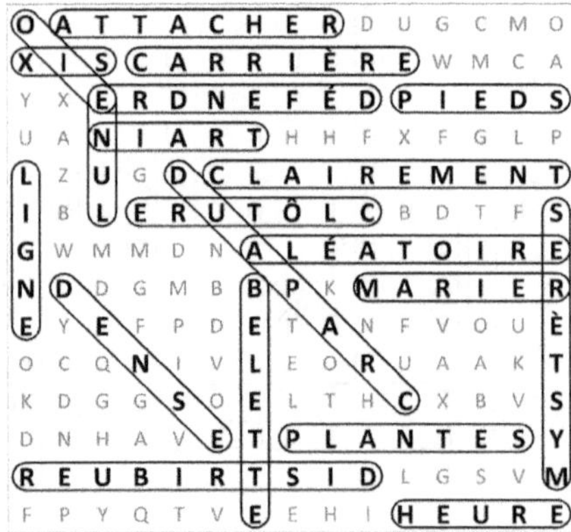

Puzzle 71

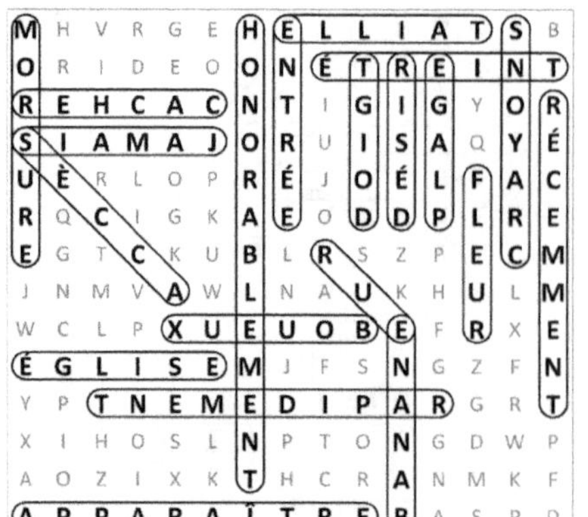

Puzzle 72

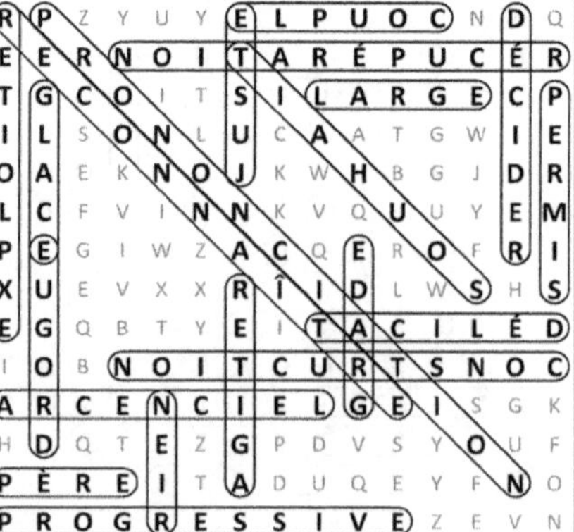

Puzzle 73

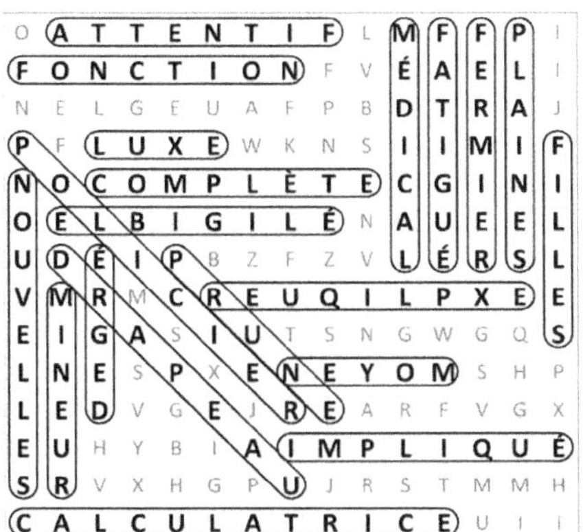

Puzzle 74

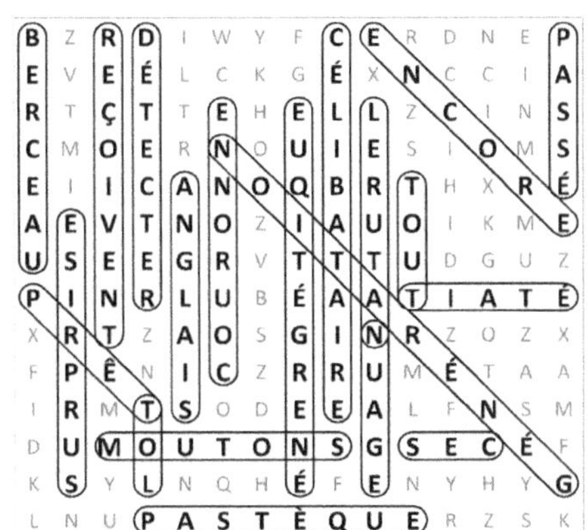

Puzzle 75

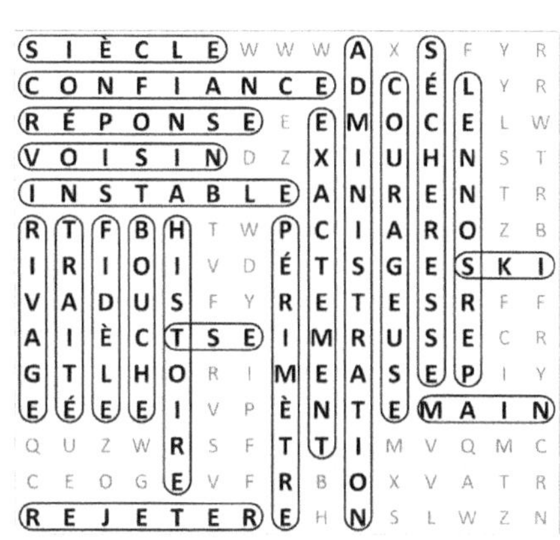

Puzzle 76

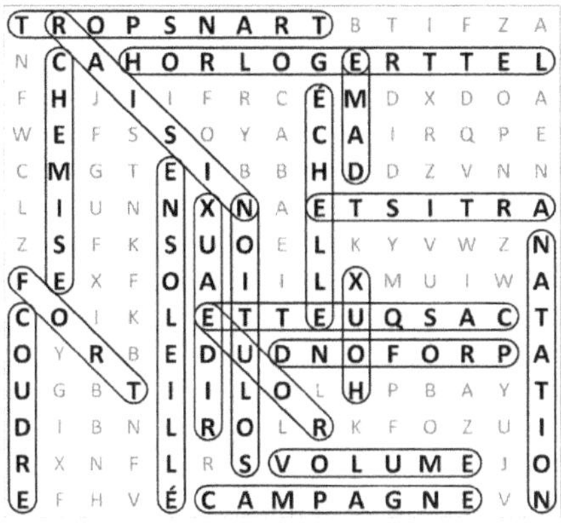

Puzzle 77

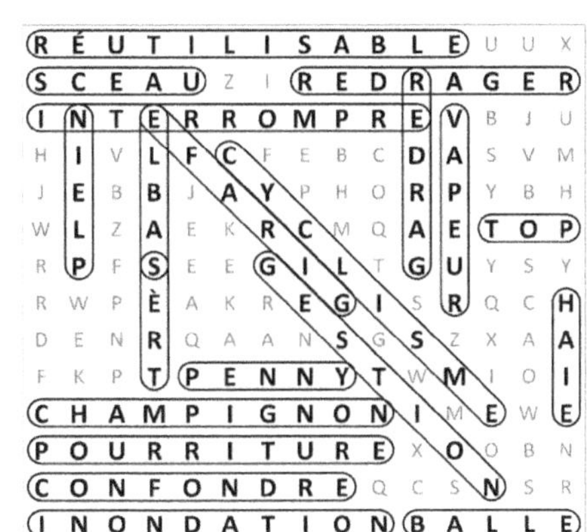

Puzzle 78

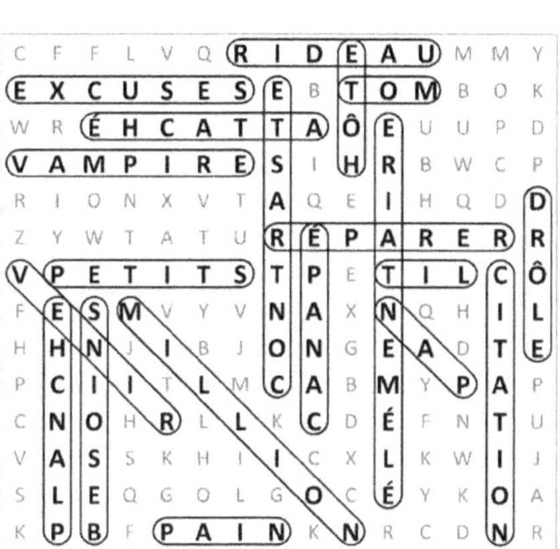

Puzzle 79

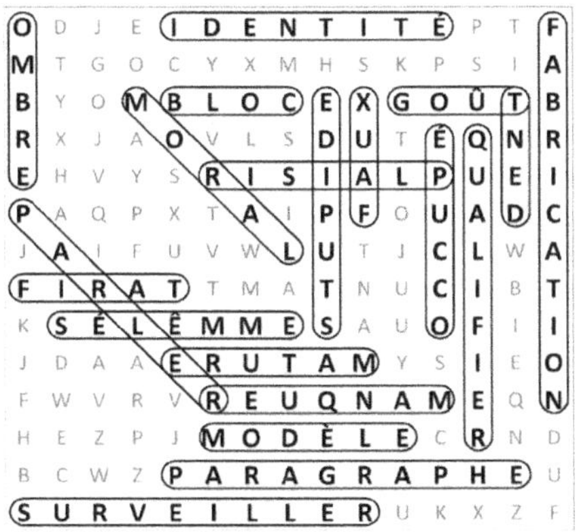

Puzzle 80

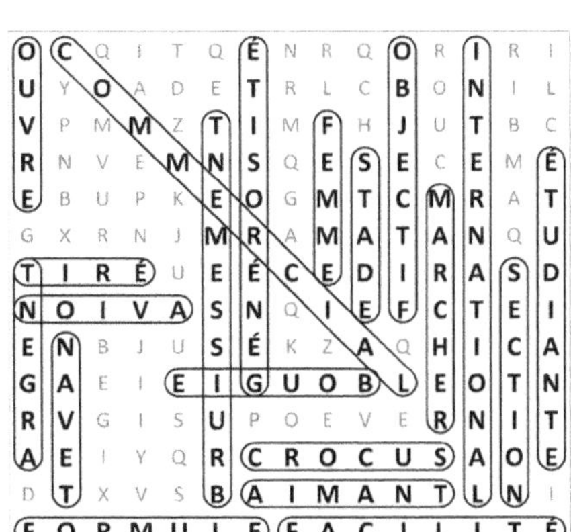

Puzzle 81

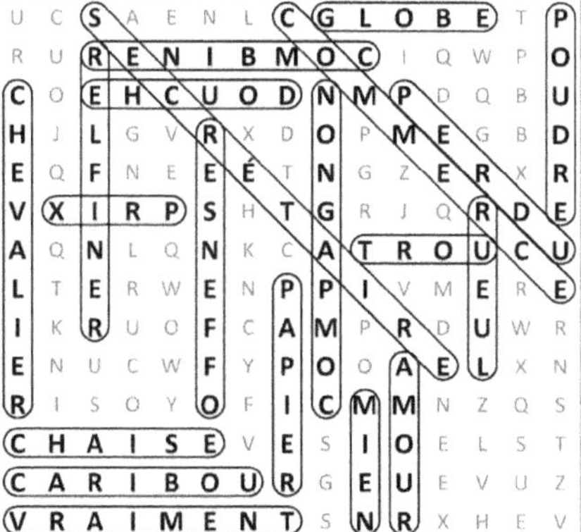

Puzzle 82

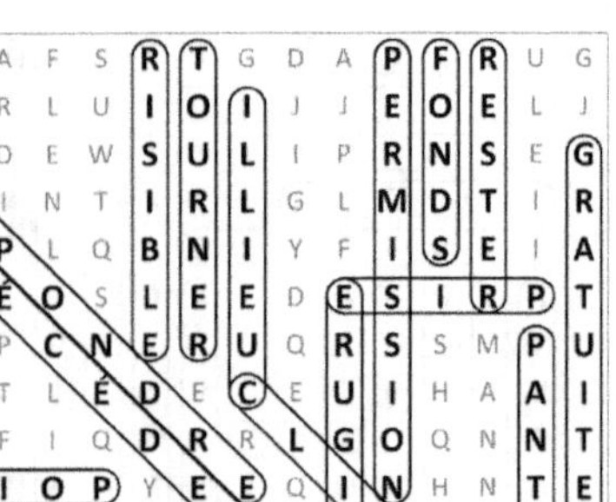

Puzzle 83

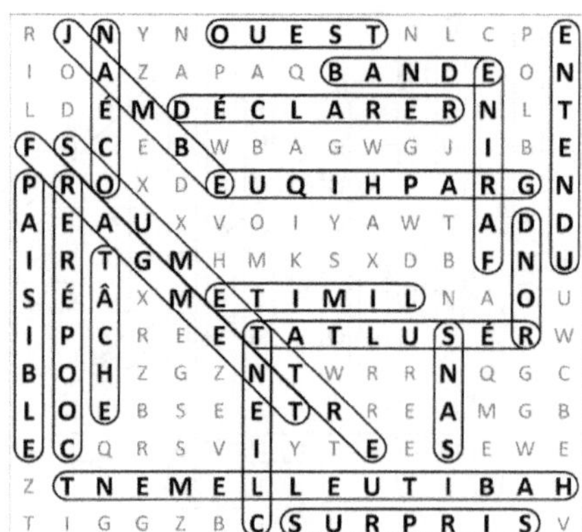

Puzzle 84

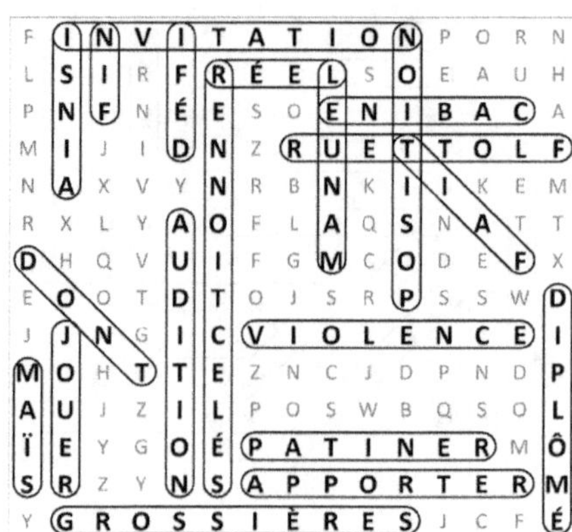

Puzzle 85

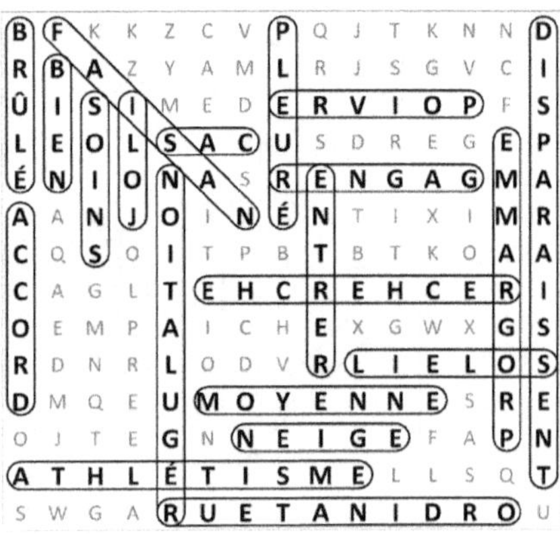

Puzzle 86

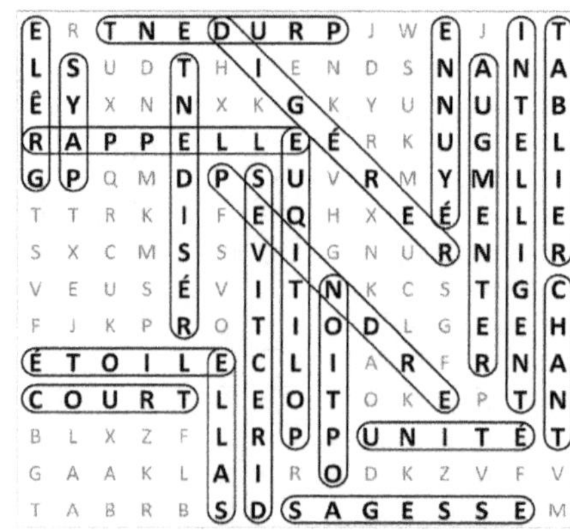

Puzzle 87

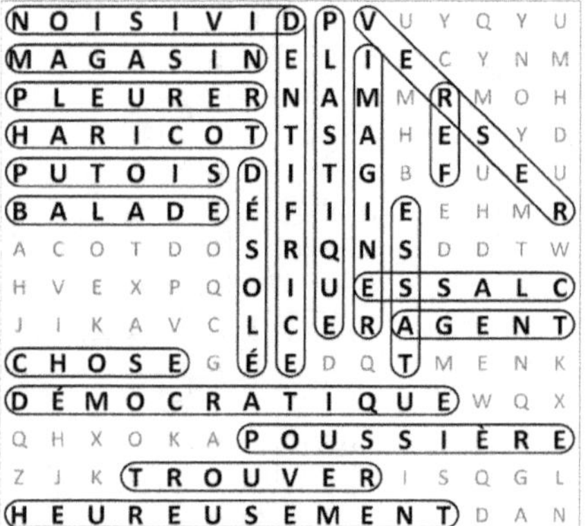

Puzzle 88

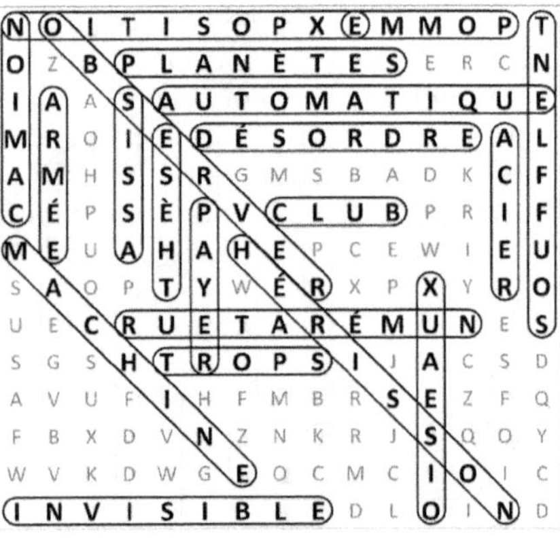

Puzzle 89

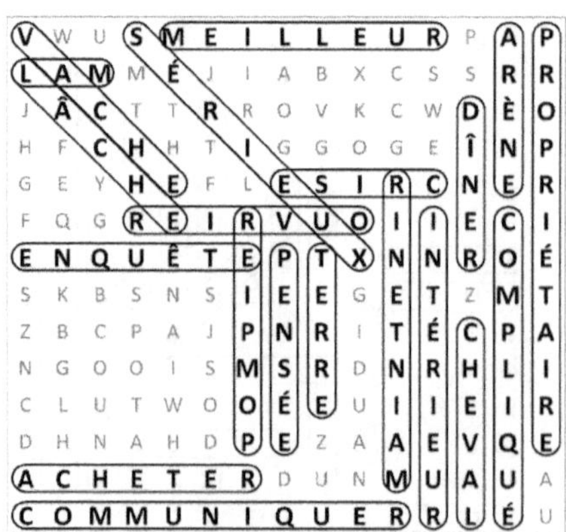

Puzzle 90

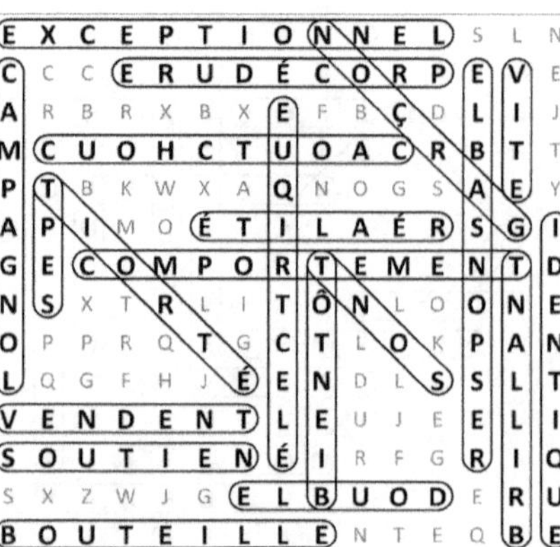

Puzzle 91

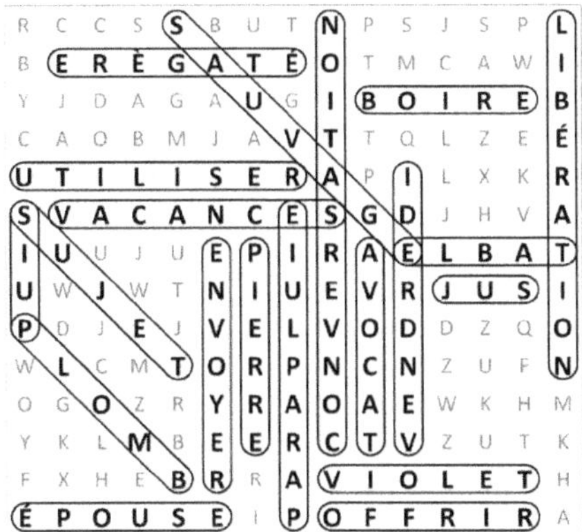

Puzzle 92

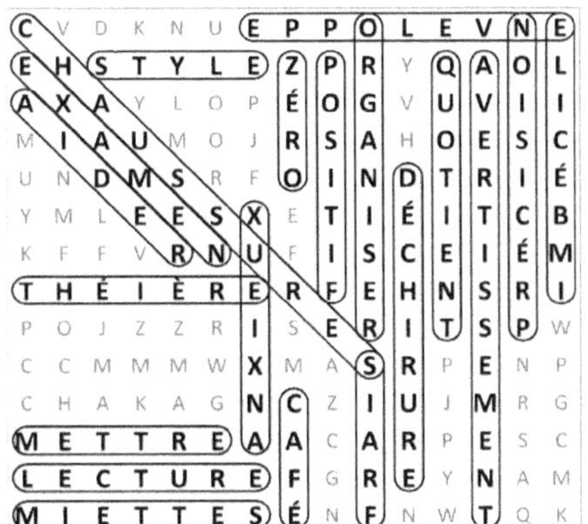

Puzzle 93

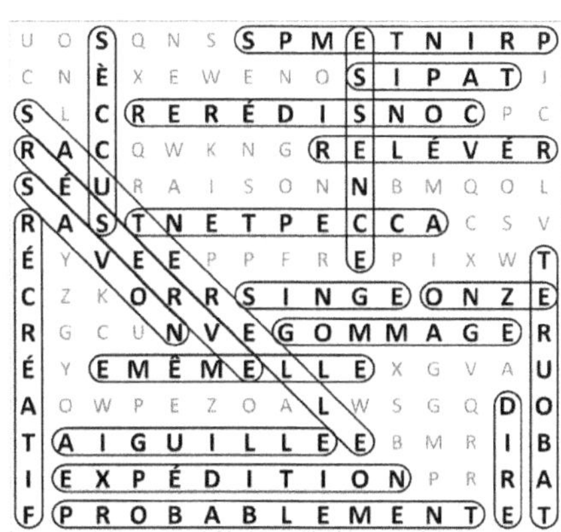

Puzzle 94

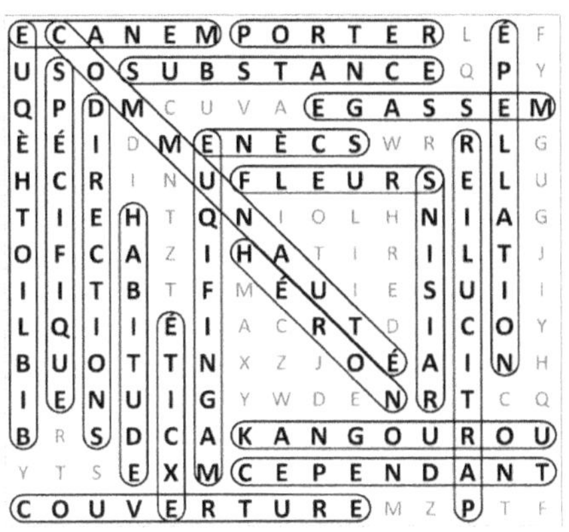

Puzzle 95

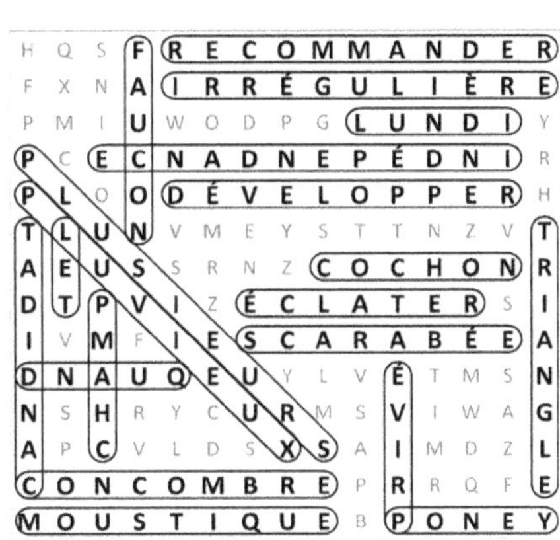

Puzzle 96

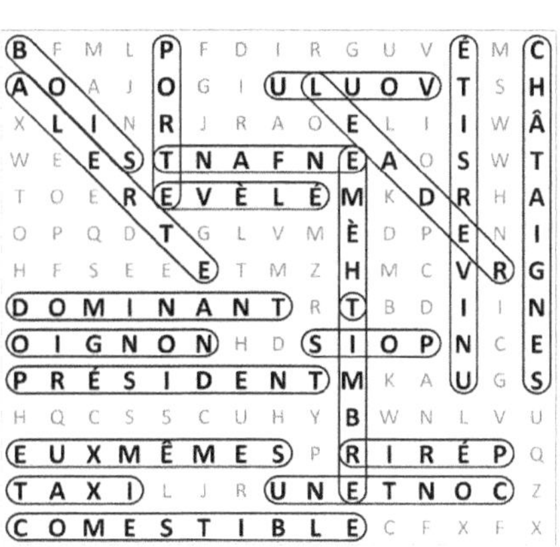

Puzzle 97

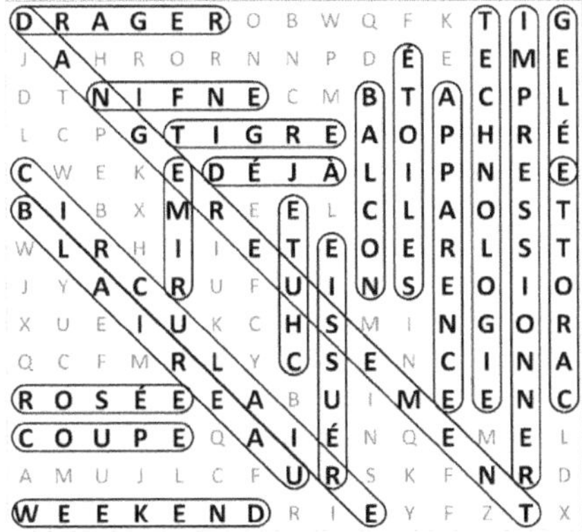

Puzzle 98

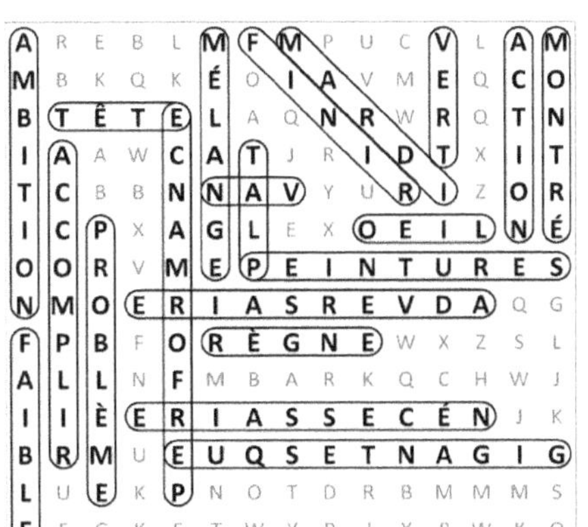

Puzzle 99

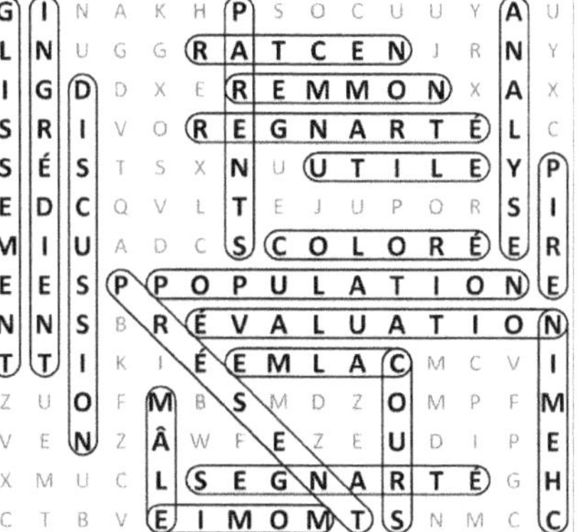

Puzzle 100

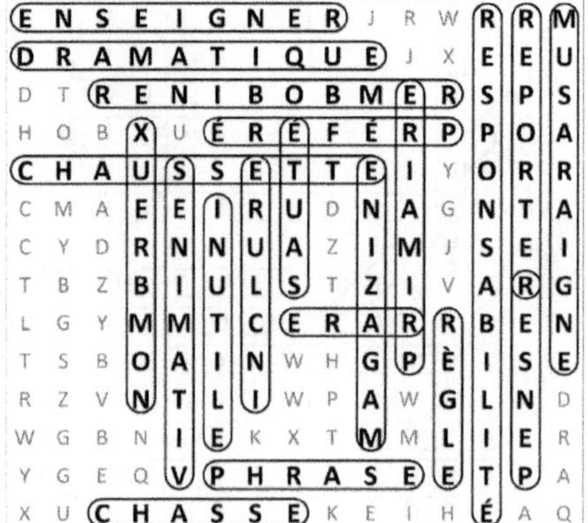

Congratulations

You made it!

We hope you enjoyed this book as much as we enjoyed ma-
king it. We do our best to make high quality games.

These puzzles are designed in a clever way to actively spark
the brain and make it sharp and quick!
Did you love them?

A Simple Request

Our books exist thanks to the reviews you post on
Amazon. Could you help us by leaving a review now?

Here is a short link which will take you to your
Amazon orders review page.

BestBooksActivity.com/Review50

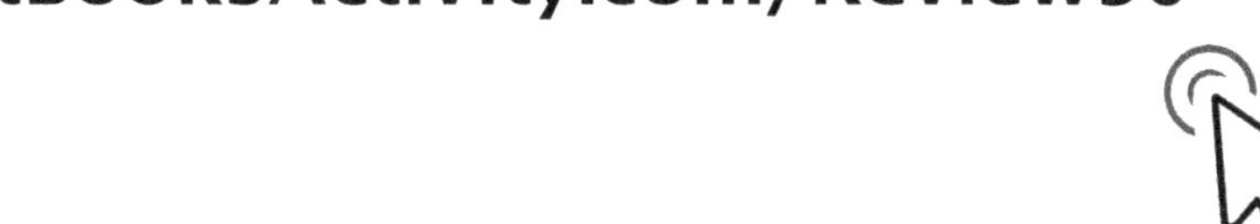

MONSTER CHALLENGE!

Challenge #1

Ready for Your Bonus Game? We use them all the time but they are not so easy to find. Here are **Synonyms**!

Note 5 words you discovered in each of the Puzzles noted below (#21, #36, #76) and try to find 2 synonyms for each word.

Note 5 Words from *Puzzle 21*

Words	Synonym 1	Synonym 2

Note 5 Words from *Puzzle 36*

Words	Synonym 1	Synonym 2

Note 5 Words from *Puzzle 76*

Words	Synonym 1	Synonym 2

Challenge #2

Now that you are warmed-up, note 5 words you discovered in each Puzzle noted below (#9, #17, #25) and try to find 2 antonyms for each word. How many lines can you do in 20 minutes?

Note 5 Words from **Puzzle 9**

Words	Antonym 1	Antonym 2

Note 5 Words from **Puzzle 17**

Words	Antonym 1	Antonym 2

Note 5 Words from **Puzzle 25**

Words	Antonym 1	Antonym 2

Challenge #3

Wonderful, this monster  challenge is nothing to you!

Ready for the last one? Choose your 10 favorite words discovered in any of the Puzzles and note them below.

1.	6.
2.	7.
3.	8.
4.	9.
5.	10.

Now, using these words and within a maximum of six sentences, your challenge is to compose a text about a person, animal or place that you love!

Tip: You can use the last blank page of this book as a draft!

Your Writing:

Explore a Unique Store
Set Up **FOR YOU!**

BestActivityBooks.com/**TheStore**

Designed for **Entertainment**!

Light Up Your Brain With Unique **Gift Ideas**.

Access **Surprising** And **Essential Supplies!**

CHECK OUT OUR MONTHLY SELECTION NOW!

- Expertly Crafted Products -

NOTEBOOK:

SEE YOU SOON!

Delta Classics Team

ENJOY
FREE
GAMES
NOW ON
BESTACTIVITYBOOKS.COM/FREEGAMES

DISCLAIMER

This Book Offers Free Bonus Puzzles

Available Here:

BestActivityBooks.com/WSBONUS20